Léonard et 5 génies de la Renaissance

BRIGITTE COPPIN

LÉONARD ET 5 GÉNIES DE LA RENAISSANCE

Castor Poche Flammarion

I. Léonard de Vinci

Né en 1452 à Vinci, petit village proche de Florence en Italie, Léonard entre à dix-sept ans dans l'atelier d'un artiste florentin, Andrea del Verrocchio. Là, il apprend la peinture et la sculpture et côtoie les artistes de Florence, alors l'une des plus prestigieuses capitales culturelles de l'Italie. En 1482, déçu de n'avoir pas suscité l'attention de Laurent de Médicis, qui gouverne la ville, Léonard de Vinci décide de partir pour Milan…

Dans la grande salle du château de Milan, le duc Ludovic Sforza, surnommé Le More, s'est approché de la fenêtre. Son conseiller, Pietro Manfroso, n'a pas attendu que les chandelles de cire soient allumées pour lui remettre une lettre qu'il a sélectionnée parmi le courrier du soir. Avant de se pencher sur les feuillets marqués d'encre brune, le duc prend le temps de contempler la ville de brique et de pierre sur laquelle il règne sans partage. Puis il se décide à commencer la lecture et l'on voit bientôt sur son visage l'intérêt se mêler à l'amusement.

— Écoutez cela, mon bon Manfroso, écoutez la façon dont un certain Léonard de Vinci, tout juste arrivé de Florence, me vante ce qu'il sait faire. Je vous le lis le texte tel qu'il l'écrit : «*J'ai les moyens de construire des ponts légers et solides que l'on pourra démonter pour mettre l'ennemi en déroute... Pour investir une place forte, je sais comment chasser l'eau des fossés et construire une infinité de béliers et d'échelles d'assaut. J'ai aussi moyen, par des passages secrets et tortueux, d'arriver au plus près de l'ennemi...*» Qu'en dites-vous, Manfroso?

— Votre Grandeur, ce Léonard de Vinci parle en ingénieur militaire; il mentionne donc les engins qui pourraient vous être utiles. À n'en pas douter, il s'est renseigné sur vos qualités de chef de guerre et attire votre attention sur de nouvelles machines. Si la paix régnait entre les cités italiennes, il préférerait peut-être vous parler de musique… Pour ma part, je pensais qu'il était musicien.

— Moi aussi, puisqu'il est arrivé avec une lyre en argent qu'il aurait fabriquée lui-même et qu'il m'a fait envoyer, sitôt introduit dans nos murs.

— Cet objet a fait grande impression auprès des artistes de la ville et Léonard, qui semble être expert dans bien des domaines, affirme que la musique est la représentation des choses invisibles. Pour un inventeur de canons, l'expression est plutôt jolie, non?

— À propos de canons, l'inventaire n'est pas fini, reprend le duc Ludovic. Dans sa lettre, votre Léonard dit qu'il sait faire aussi « *des bombardes crachant de la pierraille et causant grande terreur chez l'ennemi.* » Je ne vous importunerai pas avec tous les détails qu'il fournit ici… Il joint même quelques croquis, par exemple une mitrailleuse formée de trente-trois petits canons placés sur trois rangs, soit onze canons par rang pouvant tirer en même temps. Il décrit également un char d'assaut en bois et cuivre monté sur quatre roues et hérissé de canons faisant feu dans toutes les directions à la fois.

— Mais comment le fait-il avancer? s'enquiert Manfroso. Utilise-t-il ces engrenages capables de transformer le mouvement circulaire en mouvement vertical ou vice-versa? Il y a quelques années, Martini* s'est déjà penché sur ce système.

— Manfroso, comment savez-vous tout cela? s'exclame le duc.

— Votre Grâce, vous m'avez fait l'honneur de me choisir comme conseiller en arts et sciences et je n'ai pas l'intention de vous décevoir. Mon rôle est donc de vous dire ici que cet homme qui nous arrive de Florence en sait beaucoup plus que moi sur ces techniques et qu'il a toutes les qualités pour renforcer à la fois votre prestige et votre armée.

Le duc de Milan se tait. Il sait bien que la paix est fragile en Italie, que les Turcs se font de plus en plus menaçants, que Rome s'est alliée à Venise pour renforcer sa domination sur les autres cités... Partout on loue des mercenaires... Il va falloir reprendre les armes et ce

* L'ingénieur et architecte Francesco di Giorgio Martini (1439-1501) a travaillé sur la bielle-manivelle, l'une des plus grandes découvertes techniques de la Renaissance.

Léonard de Vinci arrive au bon moment. Cependant, le duc grommelle :

— Si je comprends bien, il brigue le poste d'ingénieur militaire du duché de Milan. Ce n'est pas rien ! Sait-il que mes arsenaux sont parmi les meilleurs de la chrétienté ?

Et le duc ne peut s'empêcher d'évoquer fièrement la place d'armes du château, assez vaste pour contenir trois mille cinq cents hommes, ainsi que la tour du Trésor où s'entassent des richesses… une montagne d'argent si haute qu'un chevreuil ne pourrait la franchir d'un bond.

Pietro Manfroso laisse dire ; il connaît trop bien les poussées d'orgueil de son maître. En revanche, il aimerait en savoir plus sur le contenu de cette fameuse lettre que le duc tient toujours entre ses mains.

— Léonard de Vinci ne parle donc que de guerre ?

— Je ne sais pas, découvrons la suite : « *En temps de paix, je crois pouvoir vous donner aussi entière satisfaction…* »

Cette fois Ludovic Sforza laisse éclater un rire ironique.

— Lisez vous-même, dit-il en tendant la lettre à son conseiller.

Manfroso poursuit la lecture en silence, laissant au duc le temps de calmer son hilarité. Puis, jugeant le moment venu, il reprend à voix haute :

— « *Je puis exécuter de la sculpture en marbre, bronze ou terre cuite ; de même en peinture, mon œuvre peut égaler celle de n'importe qui. En outre, j'entreprendrai l'exécution d'un cheval de bronze qui offrira gloire immortelle, hommage éternel à la bienheureuse mémoire du seigneur votre père et à l'illustre maison des Sforza.* »

Soudain le duc est devenu très attentif : « l'illustre maison des Sforza », voilà qui sonne agréablement à son oreille !

— Imaginez-vous, murmure Manfroso, que Léonard de Vinci est peut-être venu à Milan uniquement pour réaliser ce cheval ? Avez-vous pensé que cet homme n'aime pas la guerre mais seulement l'extraordinaire, la prouesse technique, l'incroyablement complexe... ?

Les épais sourcils de Ludovic Sforza barrent son front ; il réfléchit.

— Nous verrons, dit-il en se levant brusquement.

Sans un mot, Manfroso regarde s'éloigner l'imposante silhouette. Qu'importent les humeurs soudaines du duc, cette lettre, cette belle écriture élancée, un peu mystérieuse, recèlent tant de promesses... En attendant les ordres officiels, lui, Pietro Manfroso, ira seul au devant de Léonard de Vinci.

***

Quelques mois plus tard, le duc retient son conseiller au sortir d'une réunion matinale et l'entraîne dans un cabinet privé où il est plus confortable de causer.

— Eh bien, avez-vous au moins entrevu ce génie qui prétend savoir tout faire?

Manfroso s'incline:

— Oui; il a trente ans, le même âge que Votre Excellence et il est...

— Oh, laissez-moi vous dire, murmure une voix coquette tandis qu'une main fine repousse la tenture de velours qui masque une porte.

L'élégante Ginevra Benci, l'une des favorites de la cour s'est avancée vers le duc.

— Il est beau comme un David, comme un Apollon... Aussi blond que vous êtes brun, grand et svelte avec de longs cheveux...

— Quel portrait! Inutile de préciser que vous avez pris plaisir à le regarder, ironise Ludovic en fronçant ses noirs sourcils.

— Bien sûr ! répond l'impertinente, vous êtes le seul à lui résister encore, vous à qui personne ne résiste, murmure-t-elle plus bas. Accordez-lui une entrevue et il accourra, j'en suis certaine.

Et elle s'éclipse en riant.

Manfroso toussote avant de poursuivre le récit de son enquête :

— Il s'est installé dans un atelier local qui lui assure le toit et l'ouvrage. D'ailleurs, il a déjà reçu commande d'un retable* pour l'église San Francesco et il fait scandale car il ne veut pas d'auréole au-dessus de la tête de la Vierge Marie, ni brocart ni dorure ; il dédaigne également tous ces angelots que les autres peintres affectionnent. Moi, je vous dis que cette œuvre fait du bruit dans les ateliers et les confréries. Il est temps que Votre Grandeur reconnaisse que la ville de Milan toute entière se vante d'avoir trouvé son peintre.

— Mais enfin, tonne Ludovic Sforza, nous avons déjà Bramante** qui décore ma salle d'armes !

* Partie supérieure d'un autel ; ce tableau est aujourd'hui connu sous le nom de *Vierge aux rochers*, et conservé au Louvre.

** Donato di Angelo Bramante (1444-1514) architecte et peintre. Parmi ses nombreuses œuvres, la plus célèbre est la reconstruction de la basilique Saint-Pierre de Rome.

— Oui, mais vous savez que celui-là est surtout bâtisseur et n'attend qu'un appel du pape pour s'installer à Rome. Il ne restera pas chez vous. Donnez donc du travail à Léonard.

— Qu'il attende mon bon vouloir !

***

Trois ans plus tard, le tocsin sonne aux clochers de Milan. Alerte à la peste ! À travers la ville surchauffée, surpeuplée, où la moitié des cent mille habitants s'entassent dans des taudis, la maladie s'insinue dans chaque recoin. Face à ce fléau, les efforts sont vains ; on tente de purifier l'air, on brûle les cadavres et leurs lits, on laisse les mourants entre eux et surtout on fuit. Ludovic Sforza s'est réfugié dans l'une de ses résidences de campagne et attend que l'épidémie s'épuise d'elle-même après avoir emporté son quota de morts. À l'aide de parfums capiteux, il fait purifier tout ce qu'il touche, en particulier le courrier venu de Milan, les lettres de Pietro Manfroso qui fait des allers et retours entre la capitale et la résidence de son maître.

« Votre Grandeur sera certainement satisfaite d'apprendre que Léonard de Vinci est bien vivant. Je le fais surveiller, non pas que son comportement puisse déplaire à Votre Seigneurie, mais le grand homme, qui s'intéresse à tout, se passionne depuis peu pour l'anatomie. Il serait bien capable d'approcher ces cadavres pour leur ouvrir la peau et les muscles jusqu'au cœur afin de comprendre où était la vie, quel était ce courant que la mort a stoppé. Il dissèque pendant des jours entiers, parfois dans une puanteur effroyable, et note dans ses cahiers tout ce qu'il découvre. Pour lui, le corps est un ensemble d'engrenages semblables à ceux des machines. Je le supplie de faire publier ses écrits mais il hausse les épaules en disant que rien n'est achevé…

Nous vivons ici, jour après jour, les ravages de la maladie et il m'a montré un projet qu'il désire soumettre à Votre Grâce : il s'agit d'une ville nouvelle, plus élégante pour le prince et plus saine pour le peuple. Une ville à plusieurs étages avec des rues superposées, où les eaux sales disparaîtraient dans des canalisations, où les cheminées seraient équipées de systèmes aspirant les fumées tandis que d'autres canaux irrigueraient les potagers et nettoieraient les lieux d'aisance. »

Agacé, Ludovic Sforza, repousse la lettre et

demande de l'eau pure pour se laver les mains. L'air est si doux dans la campagne milanaise...

***

Peu à peu, dans la ville affaiblie, l'épidémie frappe moins durement. Ludovic se décide à rentrer et retrouve Manfroso plus déterminé que jamais :

— Il est grand temps que vous lui passiez commande pour ce cheval de bronze à la mémoire de votre père ! Léonard a multiplié les études sur le sujet. Il m'a confié que la technique des grandes statues équestres s'est perdue depuis l'Antiquité et que personne – à part lui – ne saurait donner satisfaction à Votre Excellence.

— Je sais ! Cela fait des années que lui et vous me le répétez. Eh bien, soit ! Je vais le faire travailler mais, puisqu'on le dit si habile en tout, qu'il commence par faire le portrait de ma tendre beauté, ma déesse bien-aimée*.

* Léonard a réalisé plusieurs portraits féminins pendant son séjour à Milan et les historiens d'art ne s'entendent pas sur leur attribution ; il est possible que les tableaux intitulés *La Dame à l'hermine* (Cracovie) ou/et *La Belle Ferronnière* (Louvre) soient des portraits de Cecilia Gallerani.

— Votre Grandeur veut sans doute parler de la demoiselle Cecilia Gallerani, demande prudemment Manfroso qui s'y perd dans les amours passagères du duc.

Point besoin de supplier la belle ; les désirs du duc de Milan sont des ordres et Manfroso, qui ne peut contenir son admiration pour le grand Léonard, s'empresse de confier à la jeune femme :

— Vous savez, il paraît que dans l'atelier de Verrocchio à Florence où il apprenait lorsqu'il était tout jeune, il fut chargé de peindre un saint Jean-Baptiste dans un tableau représentant le baptême du Christ. Lorsque Verrocchio revint pour vérifier le travail de son élève, c'était si beau, si lumineux qu'il aurait voulu enlever les couches de peinture, une à une, afin de reconstituer tous les gestes du jeune Léonard. Mais le mystère était là, entier !

— Et alors ? demande Cecilia, les yeux brillants.

— Alors, le vieux Verrocchio s'est agenouillé en disant simplement : « Jamais plus je ne tiendrai un pinceau. » Et il l'a fait, tant la leçon apportée par Léonard était magistrale.

Cecilia Gallerani soupire d'aise. Quel prestige d'être, pendant quelques mois, le modèle d'un peintre devant lequel s'est incliné l'un des meilleurs artistes d'Italie !

— Et puis… reprend Manfroso, si content de trouver à la cour une oreille enfin favorable.

D'un regard, elle lui fait signe de poursuivre.

— … dans son atelier, il fait venir des jongleurs, des poètes et des amuseurs afin que ses modèles ne s'ennuient pas. Voilà pourquoi ils sourient sur les tableaux.

Alors elle esquisse une petite moue coquette, à l'idée de ce sourire que le grand Léonard tracera de ses pinceaux virtuoses.

Quelques mois plus tard, lorsque le portrait est achevé, Ludovic Sforza manifeste son plus vif contentement : sa jeune « déesse » paraît si palpitante que l'on voudrait toucher du doigt le duvet de sa joue et que seule la parole semble lui manquer. Sur les lèvres, le peintre a posé une moue légère qui refuse de s'étirer en un sourire…

— Faites savoir à Léonard de Vinci qu'il peut commencer la statue à la mémoire des Sforza, déclare-t-il devant son Conseil, réuni à la fin de l'année 1489.

— Votre Excellence, le grand artiste serait

sans doute très honoré d'apprendre la nouvelle de votre bouche.

— Sachez que le duc de Milan ne reçoit aucune remarque et apprenez que j'ai également d'autres projets pour votre grand homme. Messieurs, il s'agit de voter aujourd'hui des crédits en vue du mariage de mon neveu. Je veux une fête splendide et je désigne Léonard de Vinci comme ordonnateur des festivités. J'exige que le bal soit inoubliable... Qu'on en parle dans toutes les cours européennes. Il aura lieu le 13 janvier prochain ; mon astrologue en a lui-même fixé la date et le thème en sera les planètes. Léonard nous montrera ce qu'il sait faire. Qu'il ne lésine pas!

Le 13 janvier 1490, lorsque la fête commence, les invités découvrent d'abord un défilé de somptueux costumes puis une cavalcade turque. Pendant le bal, qui occupe les premières heures de la nuit, le plafond de la grande salle reste masqué par un dôme et des panneaux peints. Enfin, lorsque minuit sonne à l'énorme cloche de la ville, imitée par tous les clochers et les pendules du palais, le duc, magnifiquement vêtu à l'orientale, fait cesser la musique. Au plafond, le dôme s'écarte comme par enchantement; il est en réalité actionné par d'ingénieuses poulies que Léonard a mises au point. Apparaît alors une voûte céleste où d'innombrables bougies scintillantes illustrent les étoiles tandis que les planètes, mues par un autre mécanisme complexe, tournent lentement sur elles-mêmes. La foule n'en croit pas ses yeux. À quel magicien le duc a-t-il confié ce prodige ?

En une nuit, Léonard est devenu célèbre à travers le duché de Milan et bien au-delà. L'Italie toute entière sait désormais qu'il a pensé, dessiné, réalisé les costumes, les éclairages, les engrenages… tous les rouages de cette fête gigantesque pour l'amusement d'un prince, l'espace d'un soir.

Hormis Manfroso qui le visite souvent dans son atelier, personne parmi les grands d'Italie ne sait que cette splendeur n'est qu'une infime part de ses talents et que Léonard a déjà noirci des milliers de feuillets pour rassembler ses essais, son savoir et ses découvertes.

Dès que la fête est finie, l'artiste se remet au travail sur cette fameuse statue équestre que Ludovic Sforza veut grandissime. Le temps passe ; le duc s'impatiente.

— Votre Honneur, annonce Manfroso, dépité, après plusieurs mois d'attente, le grand homme fait beaucoup de croquis, il passe ses journées dans vos écuries à observer, à questionner les palefreniers. Il en a d'ailleurs profité pour inventer des écuries modèles avec des pompes alimentant les abreuvoirs et des distributeurs de foin. Je ne sais vraiment pas comment une tête humaine peut fourmiller de tant d'idées à la fois, mais...

Il s'arrête, sachant que le plus difficile reste à dire :

— ... il hésite à entreprendre, et comme Votre Excellence veut une œuvre extraordinaire, il tente de dresser la statue d'un cheval cabré. Mais comment tenir en équilibre une telle masse de bronze ?

— Je paie votre Léonard pour qu'il trouve, répond brutalement le duc de Milan. Et qu'il se hâte car mon épouse, la duchesse Béatrice, le réclame pour l'organisation de nouveaux spectacles et mascarades. Dieu soit loué, ma cour va devenir la plus attrayante d'Italie !

Ne sachant comment amadouer son maître, Manfroso s'empresse de demander audience à la duchesse Béatrice d'Este, que Ludovic Sforza vient d'épouser. Lors des cérémonies officielles, orchestrées par Léonard quelques semaines plus tôt, il n'a fait qu'entrevoir la jeune femme. Élevée à la brillante cour de Ferrare, celle-ci a la réputation d'être fort cultivée. Sans doute est-elle aussi très conciliante pour supporter gaiement le sombre caractère du duc de Milan.

— N'avez-vous pas expliqué à mon époux, dit-elle à Manfroso après avoir écouté sa requête, que le maître de Léonard, Andrea del Verrocchio est mort récemment en achevant la plus fantastique statue équestre réalisée en ce siècle * ?

Manfroso sursaute : voilà bien quelque chose qu'il ignorait.

— Verrocchio, après avoir effectué un modèle en cire de sa statue, s'apprêtait à la couler en bronze quand il apprit qu'un autre sculpteur avait obtenu de modeler le cavalier, ne lui laissant que le cheval. De colère, il décapita son modèle de cire et fut banni de la ville. Puis les Vénitiens le rappelèrent. Il commença donc la fonte et prit froid après avoir passé toute une journée à activer ses fours.

La duchesse marque une pause avant de poursuivre d'une voix émue :

— Rendez-vous compte, monsieur, ces hommes savent tout faire et nous ne cessons

* Il s'agit de la statue du *Colleoni* (condottiere vénitien du début du xve siècle), encore visible aujourd'hui à Venise.

de leur demander plus encore. Ce cheval a tué Verrocchio. Comprenez-vous que Léonard ne soit guère pressé de dépasser ce maître qu'il a tant aimé ? Je parlerai de cela à mon époux et, afin que notre artiste puisse travailler dans de meilleurs conditions, je vais suggérer qu'on l'installe dans les vastes salles de l'ancien palais ducal, en face de la cathédrale.

***

— Vite, vite, Votre Excellence, le grand homme a exposé ce matin la maquette du *cavallo* !

En ce printemps 1493, Manfroso s'essouffle dans l'escalier qui mène aux appartements de Ludovic Sforza. Arrivé en haut, il ne prend pas la peine de s'asseoir et débite tout d'un trait :

— Venez voir ! Une statue gigantesque : pas moins de deux cent vingt pieds ! En terre cuite pour l'instant ; une fois achevée, elle pèsera cent quarante mille livres de bronze*. Comment va-t-il réussir à couler une pareille masse ? Mais

* En mesures actuelles : 7,20 m de hauteur et 70 tonnes de bronze.

cet homme-là a des recettes pour tout, il trouvera bien une solution.

Pour la première fois, Ludovic Sforza se laisse gagner par l'enthousiasme. Il est vrai que le cheval est impressionnant et la statue unique par sa taille. Puisque Manfroso affirme que Léonard va réussir la prouesse technique de couler tant de bronze en une seule pièce, il veut bien le croire…

Mais avant que le moule ne soit prêt, avant que les fours n'aient chauffé, un orage s'annonce que le duc n'a pas vu venir : les armées françaises ont passé les Alpes, commandées par le roi Charles VIII. Celui-ci prétend avoir des droits sur le royaume de Naples et le duché de Milan. L'urgence est à la défense : les cent quarante mille livres de bronze prennent la direction des arsenaux pour faire des canons.

Qu'en pense Léonard, qui voit disparaître ainsi sa grande œuvre ? Le duc n'en a cure et Manfroso se tait. Les artistes sont à la solde des princes. Ils obéissent, eux aussi, aux rudesses du temps.

Bientôt, les périls d'invasion s'éloignent.

Cependant le duc reste inquiet. Cette première alerte l'a ébranlé et il songe désormais à sa propre mort. Le monastère Santa Maria delle Grazie, situé au cœur de la ville, sera le lieu de son dernier repos. Une demeure éternelle qu'il veut somptueuse. Qu'on l'embellisse, qu'on orne l'église et les bâtiments! En 1495, il commande à Léonard une fresque représentant la Cène, le dernier repas du Christ, pour orner le réfectoire du monastère*.

Léonard se met au travail mais le chantier progresse avec une infinie lenteur malgré les mois écoulés et les moines s'en plaignent au duc.

Excédé, Ludovic Sforza décide de juger par lui-même. Un matin, il pénètre sans escorte dans l'enceinte sacrée, traverse le charmant jardin du cloître et entrouvre la porte du réfectoire. Sur le seuil, il s'arrête. Aurait-il le cœur battant? La belle affaire! Il ne va tout de même pas se laisser impressionner par un artiste, fût-il le plus grand de tous. Il s'avance avec lenteur. Là, devant lui, en haut d'un échafaudage, une longue silhouette immobile semble méditer au milieu des mortiers à broyer les couleurs, des pots d'huile et de poudre. Sur le mur,

* La Cène est encore visible à Milan mais, peinte à l'huile sur enduit sec, elle s'est abîmée très vite et les couleurs ont pâli malgré les nombreuses tentatives de restauration.

une fresque immense, presque achevée, attire le regard.

Tour à tour, le duc contemple l'œuvre éblouissante et l'homme qui l'a créée. Certes, il a déjà rencontré Léonard de Vinci à plusieurs reprises, le jour du fameux bal, par exemple, ou lors de cérémonies officielles. Mais ici, dans le silence, l'impression est toute autre. Un «Apollon irradiant la lumière», avait dit Ginevra Benci... Pour la première fois de sa vie, Ludovic Sforza se sent médiocre.

— Comme vous le voyez, Excellence, dit Léonard sans descendre pour saluer, j'ai voulu rassembler toute l'humanité autour de ce dernier repas. J'ai fouillé les ruelles de votre ville afin de saisir les attitudes, les regards et les gestes. Ces douze apôtres sont nos frères, à vous et à moi. Regardez : celui-ci parle, l'autre a posé son gobelet pour l'écouter. Lisez la suspicion sur les visages...Où est le traître ? J'ai placé Judas au milieu d'eux parce que le bien et le mal ne sont jamais séparés et que les deux cohabitent en nous.

— Fort bien, réplique le duc d'une voix mal assurée, mais ce travail devrait être achevé depuis longtemps ; le prieur se plaint de l'embarras de son réfectoire et l'on me dit que vous vous absentez souvent…

— Évidemment, je cherche une tête de Judas. Celle du père prieur ferait parfaitement l'affaire, mais croyez vous qu'il s'en trouverait bien? Ou peut-être me prêteriez-vous la vôtre?

Le duc éclate de rire; il aime l'insolence de la réplique. Décidément, cet homme lui plaît. Pourquoi donc l'a-t-il rencontré si tard? Il s'en plaindra à Manfroso, qui aurait dû organiser une entrevue privée…

Après un dernier regard vers la fresque lumineuse, il quitte le réfectoire et s'en va à la recherche du prieur afin de l'exhorter à plus de patience.

***

Deux ans plus tard, un matin de l'été 1499, Pietro Manfroso demande une audience à la première heure. Dès qu'il l'aperçoit, Ludovic s'avance vers lui, le visage réjoui.

— Imaginez-vous, mon cher Manfroso, qu'une machine a failli s'envoler du toit du château, ce matin à l'aube. Si, si, j'ai bien dit s'envoler. Écoutez, cette fois, c'est moi qui sais tout: cela fait des années que Léonard étudie le vol des oiseaux, l'articulation des ailes, leur force par rapport au poids de l'animal. Après avoir longuement griffonné et raturé, il a créé une machine à voler, un engin en forme de vis et, ce matin, il en a testé la toile. Il recommencera bientôt au-dessus d'un lac avec une bouée. Nous irons voir cela... Mais qu'avez-vous, Manfroso, pourquoi ce visage fermé?

— Votre Excellence, je courais vous dire que les armées françaises s'apprêtent à franchir les cols alpins.

En effet, les Français approchent. Le 6 octobre 1499, le roi Louis XII entre triomphalement dans Milan, où le duc a mystérieusement disparu*. La population l'accueille en libérateur et la plupart des partisans de Ludovic Sforza ont déjà fui. Privé d'appui, Léonard se prépare à quitter la ville. Il a maintenant quarante-sept ans et les cheveux gris. Le jour de son départ, du haut de l'ancien palais ducal qui fut son atelier, Pietro Manfroso le regarde s'éloigner.

— Il ne laisse rien derrière lui, murmure-t-il

* Arrêté en 1500 alors qu'il cherchait à reconquérir Milan, qu'il avait fui en octobre 1499, Ludovic Sforza est emprisonné en France. Il mourra au château de Loches en 1508.

en retenant ses larmes, rien hormis la promesse d'un gigantesque cheval et une fresque bouleversante qui s'efface déjà... Il emporte tous ses carnets... Je sais qu'il écrit parfois à l'envers et qu'il faut déchiffrer ses textes dans un miroir. Je crois qu'il se cache. Il s'en va et je ne sais toujours pas qui il est.

Le personnage de Pietro Manfroso a été inventé pour les besoins de ce récit qui permet de découvrir Léonard de Vinci à travers les réticences d'un homme et l'admiration d'un autre. Tous les autres personnages ont réellement existé. Ce récit se borne à décrire le séjour de l'artiste à Milan, mais la vie de Léonard de Vinci ne s'arrête pas à l'automne 1499. Après un court séjour à Venise où il tente de fabriquer des écluses pour mieux défendre la ville, il s'engage comme ingénieur militaire auprès de César Borgia, l'un des princes les plus violents de la Renaissance. Puis la ville de Florence lui commande une vaste fresque dont les peintures brûlent avant même d'être achevées ; il réalise en même temps le portrait d'une certaine Monna Lisa del Giocondo plus connue sous le nom de la Joconde, conservé au Louvre.

Au milieu de tant d'activités et de nombreuses

désillusions, il continue de remplir ses cahiers, pose des ailes de chauve-souris sur sa machine volante, invente un scaphandre, des vis sans fin, des pompes pour aspirer l'eau… En 1505, il est de retour à Milan, toujours occupée par les Français, où il est nommé peintre et ingénieur officiel du roi Louis XII.

En 1515, le roi François Ier l'invite à se rendre en France. Léonard accepte ce dernier grand voyage et s'installe au manoir du Clos-Lucé, tout proche du château d'Amboise.

C'est là qu'il meurt, en 1519. Il laisse derrière lui, environ vingt mille feuillets de textes, dessins et croquis représentant l'immense savoir qu'il avait acquis et mettant en lumière la multitude de ses talents. Environ sept mille ont été conservés jusqu'à aujourd'hui.

2. Magellan

Dès la fin du XVe siècle, en Europe, l'Espagne et le Portugal s'affrontent pour prendre la première place économique mondiale en saisissant l'or, les épices, la soie des Indes et de la Chine.

Les Portugais sont les premiers à s'aventurer le long de la côte occidentale de l'Afrique ; à chaque voyage, ils enrichissent leur expérience de la navigation lointaine au milieu des alizés et des courants de l'Atlantique sud. En 1487, Bartolomeu Dias dépasse la pointe méridionale de l'Afrique, baptisée plus tard cap de Bonne Espérance, et ouvre la route vers l'Inde à travers l'océan Indien. Onze ans plus tard Vasco de Gama débarque à Calicut en Inde. Les îles

Moluques, productrices d'épices, sont désormais à portée de main.

L'Espagne n'a pas attendu cette date pour riposter : en 1492, elle envoie le Génois Christophe Colomb chercher à travers l'Atlantique une voie directe vers la Chine. C'est ainsi que Colomb, croyant débarquer en Extrême-Orient, découvre les Antilles et une partie de l'Amérique.

La rivalité entre les deux pays ne cesse de croître ; en 1494, lors du traité de Tordesillas, ils se partagent le Nouveau Monde qu'ils sont en train de découvrir : les Espagnols accaparent ce qui est à l'ouest d'une ligne imaginaire tracée au milieu de l'Atlantique et les Portugais se réservent ce qui est à l'est. Ces derniers contrôlent donc la route des épices, source de tant de richesses, mais tout pourrait changer si quelqu'un découvrait un moyen d'atteindre l'Inde par l'ouest. C'est exactement ce que Fernand de Magellan (de son vrai nom Fernao de Magalhaes) propose au roi d'Espagne en 1519…

Le nom de Magellan serait sans doute inconnu aujourd'hui sans le dévouement et l'admiration d'un jeune Italien, Antonio Pigafetta, qui a participé au voyage et qui, revenu à Séville, a tout fait pour que soit reconnue l'œuvre de cet auda-

cieux navigateur, l'un des plus grands de tous les temps.

Séville, le 10 août 1519

Il fait nuit noire. Le long des quais, les bruits ont cessé. Aucune brise ne vient agiter la mâture et le navire immobile repose sa lourde coque sur l'eau du fleuve, comme s'il ramassait ses forces avant les épreuves qui l'attendent. La *Trinidad*, sur laquelle je suis installé ce soir, est le navire amiral de la flotte qui devrait nous mener de l'autre côté du monde. Et moi, Antonio Pigafetta, chevalier italien de Vicence, j'ai l'honneur de faire partie de cette expédition.

Suis-je fou de m'engager ainsi auprès de ce Fernand de Magellan que je connais à peine ? Il a eu l'air étonné lorsque je me suis présenté à lui :

— Tu ne sais rien faire mais tu me plais, a-t-il dit après m'avoir longuement dévisagé. Je te confie la mission de tenir un journal de ce voyage afin que le monde, demain, sache l'extraordinaire aventure que nous tentons.

Quel homme étrange ! Il est au service de l'Espagne mais portugais d'origine et l'on raconte qu'il a quitté son pays, rejeté par le roi

Manuel. Depuis qu'il est à Séville, il répète qu'on peut atteindre l'Asie par l'ouest et qu'il existe un passage au sud de l'Atlantique. Il a l'air si sûr de lui que notre roi l'a cru et moi je ne demande qu'à faire de même !

L'eau puante du Guadalquivir monte jusqu'à la grande chambre, à l'arrière du navire, où le capitaine Magellan m'a octroyé une table pour écrire. À bord, tout est silencieux. Les hommes sont à quai, profitant une dernière fois des plaisirs de la terre. Deux cent soixante-cinq hommes. Quelques marins aguerris, certes, mais surtout des traîne-savate, des filous, des aventuriers au couteau facile. On leur a promis le paradis et pour l'heure, devant les filles du port, ils se vantent de leurs exploits à venir.

Vers Tenerife, 26 septembre 1519

La fraîcheur de l'Atlantique a remplacé les lourdes senteurs de Séville. La voile carrée du grand mât, bien calée par vent arrière, exige peu de manœuvres et nos cinq navires fendent aisément la houle. La *Trinidad* ouvre la voie, suivie par le *San Antonio*, la *Concepcion*, la *Victoria* et le *Santiago*. Magellan sourit en observant l'agilité de ce petit navire, commandé par son ami Joao Serrao. En revanche, les autres capitaines lui font grise mine, en particulier Don Juan de Cartagena, maître à bord du *San Antonio*. Quel mépris dans le regard de ce noble espagnol pour le petit Portugais boiteux qui a eu l'honneur d'être nommé capitaine général de la flotte !

En plein océan, le 5 décembre 1519

Le mousse achève de chanter la prière du soir et, dans la lumière qui décroît, chacun se prépare à dormir. À la poupe de la *Trinidad*, le maître d'équipage vient d'accrocher le fanal* que les autres navires ne doivent pas perdre de vue. Rester groupés, telle est l'obsession de Magellan qui multiplie les signaux : deux feux pour virer de bord, trois pour modifier la voilure... Pendant la nuit, bien sûr, les manœuvres sont réduites mais un navire ne dort jamais et la nuit est mauvaise conseillère.

Sur le pont, les marins boivent leur dernière rasade de vin en regardant les étoiles. Heureusement qu'il y a parmi l'équipage quelques vieux loups de mer capables de rassurer les plus jeunes car, de nuit en nuit, les cieux changent.

* Lanterne.

À mesure que nous avancions vers le sud, l'étoile Polaire, qui nous sert habituellement de guide, s'est rapprochée de l'horizon pour disparaître tout à fait. À sa place, est apparue une belle croix formée de cinq étoiles très claires, qu'ils nomment la Croix du Sud. Depuis qu'elle brille au-dessus de nous, Henrique a le visage réjoui. Il retrouve les étoiles de son pays. Henrique ! Le capitaine Magellan l'a acheté en Malaisie, sur un marché d'esclaves, le jour de la Saint-Henri. Il l'a aussitôt affranchi et Henrique s'est attaché à lui. Il dort toutes les nuits devant sa porte et le suivrait… jusqu'au bout du monde !

On n'en dirait pas autant des autres capitaines, qui continuent de ruminer leur hargne, critiquant la route que nous suivons. Magellan a choisi de descendre le long de la côte africaine afin de rencontrer les alizés qui nous porteront rapidement vers le Sud-Ouest. Ces impatients n'ont qu'à faire confiance et se taire.

15 décembre 1519

Rio de Janeiro, la rivière de Janvier. Ainsi l'ont nommée les marins qui l'ont découverte au mois de janvier 1502. C'est ici que je pose le pied sur le Nouveau Monde. Quel plaisir de se baigner dans l'eau douce, de laver nos vêtements, de redécouvrir le goût des fruits et même de s'en barbouiller le visage ! Devant mes enfantillages, les indigènes gloussent de rire, surtout les femmes, qui tendent un poisson ou une fleur en prononçant son nom. Tandis que je répète les sons pour les noter sur mon cahier, elles rient de plus belle et me frottent les bras. De loin, le capitaine Magellan nous observe avec bienveillance. Il quitte rarement son bord, responsable de tout à chaque instant, et je n'ose lui demander s'il lui arrive de manquer de vigilance…

15 janvier 1520, Rio de la Plata

Nous approchons du but. Ici se cache certainement le passage vers l'ouest que Magellan cherche dans chaque repli de la côte. Sur les cartes précieusement gardées dans la salle arrière de la *Trinidad*, il m'a montré les calculs des géographes ainsi que les terres nouvelles conquises par les Espagnols. Il sait tant de choses… Il m'a raconté par exemple que l'un d'eux, à Panama, a buté contre un autre océan et qu'il est entré dedans en armure, clamant bien fort que toute cette eau appartenait au roi d'Espagne. Cela a fort réjoui le roi Charles* qui veut désormais savoir ce qu'il y a de l'autre côté. Magellan s'est engagé à satisfaire cette royale curiosité et je suis certain qu'il y parviendra.

29 mars 1521

Nous n'en finissons pas de descendre vers le sud et vers l'hiver. Devant chaque baie, Magellan fait mettre les canots à la mer et envoie des hommes, qui reviennent bredouilles. Son visage s'assombrit à chaque échec et ces vaines tentatives irritent l'équipage. Les capitaines font courir le bruit que le chef de l'expédition ne sait pas où il va et qu'on devrait se rabattre sur l'Afrique.

— 49° degré de latitude sud! a annoncé le pilote au point de midi en jetant un coup d'œil inquiet sur Magellan qui lui rend son regard sans un mot. Aucun navire européen n'est jamais allé aussi loin.

Le long des rivages désertiques, quelques corbeaux noir et blanc** se dandinent à notre approche. Les équipages grognent de douleur lorsqu'ils empoignent les filins gelés et leurs

* Charles Quint (1516-1556).

** Pingouins.

vêtements résistent mal aux bourrasques chargées de neige. Où est-il ce Sud radieux, cet azur tendre dont nous avions tous rêvé ? Le voyage a déjà duré six fois plus longtemps que la première traversée de Christophe Colomb. Là-bas, à Séville, à Vicence, nous-ont-ils déjà oubliés ? Magellan a-t-il une pensée pour l'épouse et le bébé qu'il a laissés en Espagne ? Sans doute s'attendrit-il en secret mais il ne laisse rien paraître.

3 avril 1521 à l'aube

Grand Dieu ! C'est dans cette prison glaciale, loin de toute vie humaine que la haine éclate au grand jour !

Nous avons mouillé dans un golfe austère que Magellan a baptisé San Julian. J'entends encore les vociférations des marins lorsqu'ils ont su que nous allions passer l'hiver ici et qu'il fallait réduire les rations de nourriture. Les capitaines n'ont pas murmuré mais leurs visages ne disaient rien de bon. Pendant la nuit, un canot venant de la *Concepcion* s'est approché du *San-Antonio* afin d'arrêter le pilote.

— Que faites-vous là ? a demandé le maître d'équipage en voyant surgir des hommes armés. Le pauvre n'a pas eu le temps d'achever ;

Gaspard de Quesada, capitaine de la *Concepcion*, lui a enfoncé son poignard dans le cœur.

Ce matin, Quesada fait savoir qu'il tient trois navires sur cinq et qu'il est désormais amiral de la flotte.

Dans les cales et les mâtures, les hommes répètent ce que disent les capitaines : « Ce Magellan nous a tous trompés ; il ne connaît pas le passage en question et il nous emmène vers la mort. »

Lui se tait, se terre dans sa chambre, à l'arrière de la *Trinidad*. Va-t-il s'avouer vaincu ?

À la tombée de la nuit

Non ! Il a maté la révolte par la ruse et par le sang ! Le capitaine Mendoza, de la *Victoria* y a laissé la vie. Terrorisé, l'équipage du navire a aussitôt manœuvré pour venir se ranger à côté de la *Trinidad* et du *Santiago*. Les négociations ont duré tout le jour, et ce soir, notre capitaine général a repris le commandement de sa flotte. Cartagena et Quesada sont aux fers. Henrique trépigne de joie et moi j'admire le courage de Fernand de Magellan. Mener plus de deux cents hommes fatigués jusqu'au bout de la terre nécessite une poigne sans pitié.

20 août 1520

Le jour du départ est enfin venu. Au fond de la baie, deux silhouettes s'amenuisent. Magellan laisse ici Juan de Cartagena et son mauvais ange, le chapelain qui l'a secondé dans ses sombres desseins. Il aurait pu les faire abattre après jugement comme il a agi avec Quesada, mais ces hommes sont proches du roi. Il les abandonne à la justice divine dans ce pays si austère qu'il semble délaissé par Dieu. Quel enfer se cache au-delà de ces parallèles inconnus ? Et si la Terre n'était pas ronde ? Je me sens pris de doute à mon tour. Cela fait un an que nous avons quitté Séville et nous n'avons rien découvert.

15 septembre 1520

Un de ces jours derniers, alors que nous chassions des chiens de mer* pour leur excellente viande, nous avons vu surgir une silhouette immense, une sorte de titan venu de la nuit des temps. Malgré sa haute taille, il était inoffensif et nous l'avons baptisé « Patagon** » en rai-

* Phoques.

** « Qui a des grands pieds » en espagnol ; de ce nom, les géographes ont tiré la Patagonie.

son de ses grands pieds. Son robuste appétit, proportionné à sa vaste carcasse, l'a poussé à nous suivre. Nous l'avons amadoué ; ils nous a présenté quelques membres de sa tribu, que nous avons réussi à faire monter à bord. Nous les avons gardés, contre leur gré. Il nous faut bien présenter au roi d'Espagne quelques spécimens de ses nouveaux sujets et notre capitaine général insiste pour qu'ils soient fort bien traités.

21 octobre 1520

Magellan a juré qu'il irait jusqu'au 75° parallèle avant d'abandonner et de faire route vers l'Afrique. Il tient sa promesse. Nous descendons toujours, sur quatre navires bien chargés depuis que le petit *Santiago* a fait naufrage, sans victimes, Dieu merci.

Devant nous s'ouvre une baie que nous allons explorer. Une de plus, dont les falaises noires se refermeront bientôt, interdisant tout passage. Mais le *San Antonio* et la *Concepcion* ont reçu l'ordre d'aller de l'avant. Dans cinq jours, ils doivent être de retour.

26 octobre

Aujourd'hui est le cinquième jour. Les

vigies se relaient dans les nids-de-pie*, scrutant le ciel sans répit.

— Une fumée, une colonne de fumée! crie la vigie de la *Trinidad*.

Mauvais signe. Naufrage? Appel au secours? Magellan fait mettre les canots à la mer pour recueillir les survivants. Cette fois, il cache mal son désespoir: avec deux bateaux en moins, l'expédition est perdue.

— Les voilà, je les vois tous les deux! hurle la vigie à nous percer les oreilles.

En effet, ils approchent, ils ont hissé les pavois. Les mains crispées sur sa longue-vue, Magellan essaie de déchiffrer les signaux. Là-bas, ils agitent leurs bonnets, poussent des cris de joie. Je n'ose encore l'écrire... Je crois que nous avons gagné. Sur le front de notre capitaine général, les rides soucieuses se sont effacées, comme par magie. Je le vois se redresser, rajeunir brusquement. Sans un mot superflu, impatient de contempler sa victoire, il donne le signal du départ.

28 novembre 1520

La mer du Sud** s'étend devant nous, à

* Hunes, plates-formes situées en haut des mâts pour voir au loin.

** Premier nom donné à l'océan Pacifique.

l'infini. Nous avons trouvé le passage entre l'Atlantique et cette immensité bleue. Nous avons frôlé le pied des montagnes et repéré des feux allumés sur ce rivage que nous avons nommé « Terre de Feu ». J'avoue avoir tremblé en imaginant que des titans, à quelques brasses, épiaient en silence notre lente progression.

Les marins du *San Antonio* et de la *Concepcion* avaient raison : l'eau n'est pas devenue douce comme à l'embouchure d'un fleuve et nous avons pu continuer. Mais le passage n'est pas non plus le large canal dont nous avions rêvé ; il se présente plutôt comme un dédale de mauvais courants, de baies, de fausses pistes et il a fallu toute la finesse de notre capitaine général pour nous y frayer une route.

Très vite après notre sortie du détroit, il a pris la parole :

— Quelle route souhaitons-nous prendre à présent ? Tenter le tour du monde et prouver ainsi que la Terre est ronde ou rentrer au plus vite en Espagne et clamer que nous avons trouvé le passage ?

Nous nous taisons. Nous savons quel prix paie celui qui s'élève contre sa volonté. Un seul, le pilote portugais du *San Antonio*, ose parler :

— Nous manquons de vivres et nos navires

ressemblent à des épaves, tant ils sont usés par une année de mer. Les hommes, eux aussi, sont fatigués.

Magellan le sait mais il décide de poursuivre. En attendant, il nous accorde du repos. Quel havre de douceur après la rudesse des derniers mois ! L'eau douce et le poisson abondent. En mangeant à notre faim, nous recouvrons la santé et l'espoir. Courage ! Là-bas, les îles aux épices nous attendent.

4 décembre 1520

Le *San Antonio* nous a quittés. Il fait route, tout seul, vers l'Espagne. À son bord, il emporte l'essentiel de nos réserves de nourriture. Il nous reste désormais trois navires.

Février 1521

Cela fait plus de dix semaines que nous avons perdu de vue toute terre. Le capitaine Magellan, qui a séjourné dans ces contrées lorsqu'il était jeune officier portugais, sait que les îles aux épices sont devant nous. Mais où ? Malgré toute sa science, il n'a aucun moyen fiable de calculer la longitude et la boussole, loin du pôle, perd le nord. Heureusement que ce gigantesque océan nous a épargné la tempête, pas un homme n'aurait aujourd'hui la force de résister au vent. La faim est devenue notre compagne quotidienne. Nous faisons un festin d'un rat mijoté, que nous payons cher au chanceux qui l'attrape; le biscuit de mer, raclé au fond des tonneaux, n'est plus qu'une infâme bouillie mêlée de vers que l'on avale avec peine, sachant que les rats ont pissé dessus. Nous mangeons tout de même, sinon la mort nous fauchera demain. Les gencives saignent, des plaies noires apparaissent sur nos jambes. Nous puons, nous pourrissons. Chaque jour, des corps cousus dans des toiles sont jetés à la mer ; les pauvres Patagons que nous avions embarqués sont morts parmi les premiers, incapables de résister à tant de mauvais sorts.

Si Dieu, d'ici quelques jours, ne met une terre sur notre route, aucun de nous ne reverra l'Espagne.

Humunu, 20 mars 1521

Je les entends rire sur le rivage. Même ceux que nous avons dû transporter sur des civières sont maintenant assis. Ils n'ont qu'à tendre la main pour croquer un fruit. En échange des miroirs et des clochettes que le capitaine Magellan a fait livrer à terre, les indigènes ont apporté des vivres, des légumes, des cochons à rôtir… pour une ripaille que nous n'oublierons jamais. Je couve des yeux, comme un trésor, le gobelet d'eau pure posé à côté de mon écritoire. Tous ces délices proviennent d'une île miraculeuse, atteinte après trois mois de navigation. Nous avons franchi un océan qu'aucun humain n'avait osé affronter ! Mais lequel se risquera à refaire pareil voyage ? Personne, avant cette traversée, ne savait que la Terre était si grande. Selon les calculs des cartographes, nous devrions bientôt atteindre l'Afrique alors que nous cherchons toujours les îles aux épices.

Mais que nous importent pour l'heure ces questions de géographie ! Notre capitaine Magellan a trouvé des îles nouvelles qui nous ont sauvé la vie ; cette fois, lui-même a daigné prendre du repos : il est descendu à terre festoyer avec nous et s'est endormi sur le sable, comme un homme heureux.

Dans quelques jours, il faudra repartir. Les marins seront prêts à souquer d'une poigne solide et l'on priera Dieu que les voiles rapiécées tiennent au vent.

Massawa, le 28 mars 1521

— Capitaine, capitaine ! a crié Henrique, haletant d'émotion. Tu m'as ramené dans mon pays ! Ceux-là sont mes cousins ; ils parlent la langue de chez moi !

Le capitaine général a serré Henrique dans ses bras et je me précipite sur ma plume afin de noter cet événement capital : Henrique est le premier homme à avoir accompli le tour du monde. Parti de Malaisie en compagnie de Magellan il y a douze ans, il a gagné l'Espagne par l'Afrique en naviguant vers l'ouest et le revoilà chez lui en continuant vers l'ouest par l'Amérique et la grande mer Pacifique. Jamais, je n'ai vu notre capitaine général aussi rayonnant. Il sait maintenant qu'il a gagné son pari ! L'an prochain, au retour à Séville, le monde entier parlera de lui ! Je m'en réjouis mais lui se moque bien de sa propre gloire. L'important, pour cet homme obstiné, est d'avoir tenu sa promesse.

Les équipages profitent de cette allégresse pour s'installer à terre. L'escale est paradisiaque ; on mange, il faut bien le dire, à s'en faire péter la panse. J'ai moi-même abusé d'un ragoût de porc un vendredi saint, jour maigre selon notre religion. Que Dieu me pardonne. Le plat était… divinement cuisiné au gingembre et au vin de palme. Quelle indigestion ! D'ailleurs, le roi, qui m'avait invité à ce festin, a fait savoir le lendemain qu'il était un peu souffrant.

Les habitants de cette île ne pouvaient nous réserver meilleur accueil. Muni de mon encre et de mes cahiers, je vais à leur rencontre, désireux d'apprendre leur langue, et je les étonne beaucoup en inscrivant ce que j'entends. Le capitaine Magellan insiste pour que nous ne profitions pas trop de nos avantages. Ils sont si faciles à impressionner ! Lorsque tonnent nos canons, ils cherchent dans le ciel d'où vient l'orage.

Nous avons du fer, ils ont de l'or et ils sont prêts à échanger 15 livres d'or contre 14 livres de fer. Inutile de décrire la frénésie des marins qui vendraient jusqu'au dernier clou du navire si Magellan ne les en empêchait ! Que serions-nous sans la sagesse de notre capitaine général ?

27 avril 1521

Hélas ! Le coup est si dur que je peine à tenir ma plume. Ils étaient mille, nus et armés de lances en bambou. Nous étions soixante, bardés de fer, avec mousquets et arquebuses. Pourquoi n'avons-nous pas réussi ? Pourquoi avons-nous accepté d'entrer dans cette querelle entre deux rois indigènes ?

Depuis les canots, les balles de nos mousquets ne pouvaient les atteindre ; il a fallu débarquer, en armure, dans l'eau jusqu'à la taille. En face, ils étaient si nombreux, si agiles ! Nous pensions être invincibles derrière nos cuirasses mais… ils ont tué Magellan, notre capitaine bien-aimé, celui qui guidait notre route. Ils l'ont frappé, jeté à terre, percé de leurs lances. Et lui a résisté le plus longtemps possible, courageux chevalier qu'il était ! Le petit roi de l'île ennemie clame à présent qu'il a vaincu le puissant étranger qui faisait rouler le tonnerre dans un ciel clair. Il ne nous a même pas accordé le droit de reprendre son corps et l'idée de l'abandonner ici, sans une croix, sans un nom sur sa sépulture, me déchire le cœur.

Juin 1521

Nous errons désormais comme des orphelins et le sort s'acharne contre nous. Aussitôt après la mort de Magellan, les indigènes ont perdu toute confiance et le roi de l'île de Cébu, qui était notre ami, nous a tendu le plus effroyable des guet-apens : les capitaines et les pilotes furent conviés à un festin qui se termina en carnage. Je devrais être mort à cette heure si j'avais, moi aussi, répondu à l'invitation. Carvalho, resté à bord, a fait tonner les canons contre la ville et pris le commandement de la flotte, qui a hissé les voiles en laissant Jao Serrao sur le rivage. Encore vivant, le pauvre criait :

— Pour l'amour de Dieu, ne m'abandonnez pas !

Il est mort devant nos yeux alors que nous quittions la rade. Comment Carvalho a-t-il pu permettre pareille horreur ? Quelle confiance accorder désormais à un homme capable d'une telle lâcheté ?

Henrique a disparu. Sans doute est-il retourné vivre parmi les siens, maintenant que son maître et ami n'est plus là pour le protéger du mépris des autres. Je suis las de toutes ces violences, de toutes ces bassesses. Et je me demande quel prix nous devrons encore payer avant de ramener en Espagne la preuve que la Terre est ronde.

Tidore, décembre 1521

Le 6 novembre, nous avons atteint les îles Moluques dont rêvait notre capitaine tant aimé et je pleure en pensant à sa joie devant tant de beautés. Le sultan de l'île nous a accueillis à bras ouverts en prononçant ces mots inoubliables :

— Ne me faites pas trop de cadeaux, a-t-il dit, car je ne possède rien qui puisse être offert en échange.

Cet homme si digne ignore que ce qui ne vaut rien chez lui est chez nous plus précieux que la vie. Il nous a tout donné à profusion et nos cales furent vite remplies de clous de girofle, d'ivoire, de poudre d'or échangées contre des armes, des vêtements, des objets de fer dont nous n'aurons plus besoin. Savoir toutes ces richesses entassées sous nos pieds nous grise un peu… à moins que l'ivresse ne soit davantage causée par les effluves poivrés qui s'en dégagent.

Timor, 13 février 1522

Depuis le *Victoria*, notre dernier bateau valide dirigé par Sébastien del Cano, je regarde s'éloigner l'île enchanteresse de Timor. La *Trinidad*, incapable de reprendre la mer, sera réparée sur place et rejoindra l'Espagne plus tard. Quelques-uns d'entre nous ont décidé de rester en attendant ce prochain départ. Sur des pirogues, ils nous accompagnent le plus loin qu'ils peuvent en agitant les bras. Malgré l'émotion, il nous faut tourner le dos. Les vents saisonniers qui soufflent vers le sud-ouest nous permettront de traverser l'océan Indien d'une seule bordée jusqu'au cap de Bonne-Espérance. Pour cette dernière étape, nous sommes soixante-six hommes à bord, dont dix-neuf Malais embarqués depuis peu. L'itinéraire est bien connu des pilotes portugais qui le pratiquent depuis vingt ans, mais tout de même, de Timor à Séville, la route est longue...

15 mai 1522

Vieux navire vermoulu, équipage épuisé... Je profite d'une accalmie pour tailler une de mes dernières plumes. Porté par des vents favorables, nous avons piqué jusqu'au 40e parallèle, au sud de l'Afrique, mais lorsque nous avons amorcé la remontée vers le nord, la fureur de l'Atlantique s'est déchaînée. Le mât de misaine n'a pas résisté, entraînant les voiles dans sa chute. Hier encore, le vent soufflait si fort que Del Cano s'est amarré au grand mât pour faire le point de midi. Nous longeons la côte africaine sans être vus.

— Plutôt mourir que de tomber aux mains des Portugais, répète-t-il.

La mort, en effet, rôde à nouveau. Sur les dix-neuf indigènes partis de Timor, trois sont encore vivants. Je lis sur les visages le retour de la faim. Del Cano avait bien embarqué des vivres pour cinq mois mais ils ont pourri, par manque de sel ; il ne reste que du riz et de l'eau. Notre navire ne vaut guère mieux que nous : il se traîne comme une bête malade dont le ventre gonflé raclerait le fond de l'océan.

Les îles du Cap-Vert, juillet 1522

Impossible de continuer sans manger. Nous faisons escale en territoire portugais pour de l'eau et des vivres. Les autorités du port avalent sans sourciller notre mensonge : nous venons des Indes occidentales et une tempête au beau milieu de l'Atlantique nous a déroutés.

Au moment où le dernier canot chargé de vivres approche, les Portugais découvrent que nos cales regorgent d'épices récoltées aux îles Moluques. Il faut filer au plus vite et tenir, coûte que coûte, avec quelques sacs de riz.

Mais cette escale périlleuse nous aura permis d'apprendre une nouvelle ahurissante :

d'après les gens d'ici, nous ne sommes pas le 9 mais le 10 juillet. Est-ce dire qu'en parcourant vers l'ouest la circonférence de la Terre, nous avons vécu un jour de moins que nos compatriotes ? J'imagine déjà les savants discutant de cette extraordinaire découverte. Et vous, capitaine Magellan qui saviez tant de choses, sans doute auriez-vous eu votre opinion là-dessus…

4 septembre 1522

Devant nous se dresse le cap Vincent ! J'en pleure. Nous pleurons tous. Je ne peux écrire longtemps car il faut pomper sans relâche. Les bordés* de la coque s'écartent de jour en jour et le navire prend eau de toutes parts.

Séville, 8 septembre 1522

Nous sommes à quai. Depuis que nous avons quitté cette ville, nous avons parcouru quatorze mille quatre-cent soixante lieues et nous avons accompli le tour du monde. Des mains amies nous ont tendu du pain chaud. Les Sévillans découvrent avec effroi les derniers survivants de l'expédition Magellan : dix-huit

* Planches formant l'extérieur de la coque.

hommes vieillis, malades, en haillons. Demain, nous nous rendrons à la cathédrale, remercier Dieu de nous avoir gardés en vie. Et, moi, Antonio Pigafetta, secrétaire de cette expédition, j'irai jusqu'à Valladolid présenter à Monseigneur le roi Charles le récit du voyage le plus extraordinaire de tous les temps, entrepris et mené à bien par notre capitaine général, Fernand de Magellan.

3. Luther

L'empire d'Allemagne du XVIe *siècle où vécut Luther couvre un territoire immense comprenant tous les pays de langue allemande (Bavière, Bohême, Autriche...), les Pays-Bas, l'Italie du Nord, la Savoie, la Lorraine et l'Alsace. Loin de former un seul royaume, comme la France ou l'Angleterre, il est composé de nombreux États indépendants dont certains ne sont que des cités (Trèves, Mayence) gouvernées par des princes-évêques. À la tête de ces territoires parfois ennemis, l'empereur Charles Quint qui régna de 1519 à 1556 a peu de pouvoir réel et tente l'impossible pour sauvegarder l'unité de l'ensemble.*

Le protestantisme, né de la révolte de Martin Luther, prend racine dans ce contexte politique,

États héréditaires des Habsbourgs
Royaumes de Bohême et de Hongrie acquis en 1526
Héritage de Charles Quint
Annexions de Charles Quint
Limites du Saint Empire
Empire
Angleterre
Danemark
Pomeranie
Brandenbourg
Saxe
Witenberg
Frise
Gueldre
Westphalie
Pays-Bas
Hesse
Thuringe
Worms
Lusace
Silésie
Bohême
Moravie
Pologne
Palatinat du Rhin
Wurtenberg
Augsbourg
Bavière
Vienne
Autriche
Styrie
Carintie
Carniole
Hongrie
Franche Comté
Suisse
Tyrol
France
Savoie
Milan
Pavie
Piémont
Toscane
“L’empire germanique au temps de Luther”

auquel s'ajoute un climat de changements et d'inquiétude: À partir du XVe siècle, la religion repose moins sur les moines, qui jouèrent un rôle très important au Moyen Âge, et davantage sur les laïcs dont la foi devient plus personnelle. L'invention de l'imprimerie permet à chacun d'avoir une Bible chez soi et de découvrir le message du Christ sans l'intermédiaire d'un prêtre. Peu à peu, le besoin de comprendre remplace l'obéissance des siècles passés. De plus, l'Occident de cette époque est marqué par la peur de la mort et de la peste, la peur des Turcs musulmans qui s'emparent de Constantinople en 1453 et menacent le monde chrétien. Enfin, les abus de l'Église provoquent un malaise croissant: les évêques quittent leurs diocèses pour résider à la Cour; les prêtres, pour la plupart pauvres et ignorants, encadrent mal les paroissiens; quant aux papes, ils se compromettent dans toutes sortes de scandales et se consacrent à la rénovation de Rome. Pour financer ces travaux, le clergé vend des «indulgences»: l'assurance pour chaque chrétien de gagner le paradis contre une somme d'argent versée à l'Église. Cette pratique n'est pas nouvelle mais son ampleur devient alors révoltante…

— Mes amis, mes amis, écoutez moi !

Dans la taverne la plus fréquentée d'Erfurt, les buveurs attablés n'ont pas levé la tête. Leurs discussions, leurs éclats de rire résonnent sous la voûte de la salle et, çà et là, le ton monte à mesure que se vident les chopes de bière. Au milieu d'un tel brouhaha, comment se faire entendre ? Et pourtant l'homme qui essaie de prendre la parole n'est pas dénué d'autorité : une solide stature de paysan, un visage énergique, comme taillé dans un bois épais, et des yeux profonds, prêts à vous sonder l'âme. Mais les autres sont décidément trop occupés ! Il doit se lever, même monter sur un banc.

Comme à regret, ses compagnons se redressent pour lui prêter attention :

— Qu'as-tu donc, Martin ? Lève plutôt ta chope avec nous !

Martin Luther a quelque chose d'important à dire ; il prend le temps de s'assurer que sa voix ne va pas trembler.

— Je vous annonce que je vous quitte : j'entre demain au couvent des Augustins*.

Cette fois, c'est le silence. Faute de mots pour

* Augustins : l'ordre de saint Augustin fondé en 1256.

exprimer leur stupeur, ses amis se taisent. Lui, Martin Luther, l'un des plus brillants juristes de l'université d'Erfurt ! Lui qui vient d'être reçu maître ès arts avec tous les honneurs, comment peut-il quitter la vie confortable qui s'offre à lui ? À n'en pas douter, il sera bientôt conseiller d'un prince, un poste envié qui lui permettra de faire un beau mariage…

Mais non. Martin n'a plus envie de tout cela. Un étrange incident vient de lui ouvrir les yeux. Il y a quelques jours, alors qu'il se promenait dans une forêt, un orage a éclaté et la foudre est tombée à ses pieds. Dans son immense frayeur, il s'est jeté à genoux pour crier :

« Sainte Anne, sauve-moi ! Je veux être moine ! »

Une fois le danger éloigné, il s'est relevé, rempli d'une force nouvelle. Depuis longtemps il cherchait autre chose et il ne le savait pas. Oh, bien sûr, à l'université on lui a enseigné le grec et le latin – qu'il parle couramment – la grammaire, la logique et l'art de s'exprimer en public. Mais à présent, c'est la théologie qu'il veut connaître ; il a besoin de comprendre mieux cette religion chrétienne qui régit chaque moment de la vie, chaque individu, quels que soient son âge ou sa condition. Martin Luther veut sauver son âme et celle des autres. Être pleinement, à chaque instant, au plus près de Dieu, telle est désormais sa raison de vivre.

Sa décision est prise et rien ni personne ne pourra s'y opposer.

Le lendemain, 18 juillet 1505, la porte du monastère se referme sur lui.

À vingt-deux ans, Martin Luther s'enveloppe de silence et de prière. Comme lui paraissent loin désormais les remous de la ville, les tavernes et les discussions enflammées ! Quelques mois plus tard, il revêt la robe noire des Augustins. Le voici homme de Dieu, pour toujours. Il peut s'adonner autant qu'il le souhaite aux études de théologie, feuilleter les innombrables livres que renferme la bibliothèque, se pencher sur les manuscrits qu'ont laissés des générations de moines avant lui. Frère Martin travaille sans relâche. Il progresse vite et, le 4 avril 1507, devant ses amis émus, il est ordonné prêtre dans la cathédrale d'Erfurt.

Mais ce succès n'apaise pas l'angoisse qui le tenaille : comment l'être humain, si faible, si faillible, peut-il mériter l'amour de Dieu ? Souvent, il est tenté de ne plus croire, tant ce Dieu lointain lui paraît sévère. Inlassablement, il prie, il lit, il cherche la réponse dans la

Bible car il a la chance d'en posséder une pour lui tout seul. Depuis que l'imprimerie a été inventée en 1450 par l'orfèvre allemand Gutenberg, les livres ont cessé d'être le privilège des riches.

— Dieu seul sait quel homme nouveau naîtra de cette belle invention! murmure frère Martin en caressant le cuir sur lequel brillent les lettres du Nouveau Testament. Il sait bien que les éditeurs ne se contentent pas de publier des livres religieux, mais aussi des poèmes, des récits de voyage et les textes des anciens auteurs grecs et latins. Voilà de quoi satisfaire bien des esprits curieux! Mais vers quel livre, vers quelle vérité doit-il se tourner, lui, pour trouver la paix?

Ce soir-là, dans l'univers paisible de sa cellule, frère Martin sent l'inquiétude l'envahir, comme une tempête prête à le secouer tout entier. Cherchant l'apaisement, il reprend la lecture de l'Évangile et peu à peu une lumière se dégage. Et s'il suffisait de croire et d'aimer de toutes ses forces, avec toute sa conscience, pour être sauvé? Et si Dieu ne nous demandait que cela? Au fil des jours suivants, cette lueur devient une éblouissante certitude, à tel point que tous les livres, hormis la Bible, lui paraissent superflus.

Ses supérieurs, auxquels il livre ses réflexions, froncent les sourcils.

— Fais attention, Martin ! Méfie-toi de cette lecture que tu fais seul ! Tu risques de mal interpréter. Occupe-toi plutôt de tous ceux qui, dans les siècles passés, nous ont livré leur savoir.

Frère Martin se moque de leurs conseils. Il refuse de taire ce qu'il ressent de plus en plus violemment : au lieu de favoriser un contact libre et direct avec Dieu grâce à l'Évangile, la religion ne propose que des règles de conduite trop strictes : jeûner et faire pénitence, confesser ses péchés, dire ses prières, obéir aux prêtres... Devant le portail sculpté des églises, à quel saint se vouer ? Ils sont si nombreux ! Pourquoi demander à saint Antoine de guérir la peste ou à saint Christophe de protéger les voyageurs alors que l'on peut s'adresser directement à Dieu ? Et comment comprendre les offices récités en latin, cette langue réservée aux savants ? Luther n'oublie pas qu'il est issu du peuple, que ses aïeux ne savaient ni lire ni écrire. Pourquoi les pauvres gens seraient-ils tenus à l'écart de la parole divine ?

Comme lui, bien des croyants cherchent un

autre guide que l'enseignement de l'Église. Le monde a tellement changé en si peu de temps et les anciennes certitudes ont été balayées ! Des terres nouvelles sont apparues, où vivent des humains inconnus qui vénèrent des dieux étranges. Dans ces Indes occidentales découvertes par Christophe Colomb en 1492, l'or coule à flots et les conquérants espagnols commettent toutes les atrocités pour en amasser le plus possible. De quoi emplir des galions entiers ! Là-bas, au Nouveau Monde, on va jusqu'à dire que le métal jaune peut conduire les âmes au paradis et le pape ne contredit pas officiellement d'aussi scandaleuses affirmations. En réalité, cela fait longtemps que l'Église chrétienne récolte des richesses à profusion en vendant ces billets d'entrée pour le paradis que l'on nomme indulgences. Grâce à cette pratique, le plus confortable des bourgeois, le plus effroyable des bandits achète son salut en sacs d'or, sans chercher à améliorer sa vie. Tout cela révolte Luther. Il n'est pas le seul et il le sait bien. Mais l'heure de réunir les mécontents n'a pas encore sonné.

***

En 1510, les portes du monastère s'ouvrent.

Voilà Frère Martin sur les chemins qui franchissent les Alpes ; à la demande de ses supérieurs, il part en Italie régler auprès du pape quelques affaires concernant l'ordre des Augustins. Ses jambes le portent sans faiblir ; il marche en pèlerin, l'âme tendue vers Rome, la capitale de la chrétienté. Et il en oublie certainement de goûter la lumière méditerranéenne, la douceur des collines toscanes, d'admirer le marbre des statues antiques.

À Rome, l'immense basilique Saint-Pierre est en chantier. La plus grande église de tous les temps à la gloire de Dieu ! Tandis que d'autres s'extasient, lui s'y promène sans émotion et ne manque pas de serrer les poings lorsqu'il apprend que le pape finance ces gigantesques travaux avec le commerce des indulgences.

Il va de déception en déception : la cour pontificale compte trois mille secrétaires dont la rigueur pointilleuse l'exaspère ; les interminables démarches et surtout l'insolente richesse de tous ces cardinaux le rebutent jusqu'à la nausée. Trop de somptuosité, pas assez de foi ! Le pape Jules II possède son armée et se conduit comme un chef d'État autoritaire. Amoureux de la guerre et des arts, quelle place laisse-t-il à Dieu, lui le chef de tous les chrétiens ? Ces questions oppressantes se bousculent dans la tête de Martin lorsqu'il reprend la direction de l'Allemagne après avoir rempli sa mission. La route est longue de Rome à Erfurt. Tandis qu'il allonge le pas sous le ciel menaçant ou qu'il saute dans une charrette de hasard, il laisse aussi vagabonder son âme ; il réfléchit aux désillusions qui s'accumulent et se demande combien sont ceux qui pensent comme lui, et qui se taisent comme lui...

***

Deux ans plus tard, Martin est reçu docteur en théologie. Il a juste vingt-neuf ans, l'âge de la plénitude, et il sent monter en lui la force d'affirmer ses idées. Aussitôt nommé professeur, il part en novembre 1511 pour Wittenberg, la capitale de la Saxe, un duché à l'est de l'Allemagne où règne le prince Frédéric III. Logé au couvent des Augustins de la ville, il entre en relation avec les érudits et les artistes qui gravitent autour du prince. Cette petite cité, où il croyait mourir d'ennui, se révèle en fait un foyer d'art et d'idées neuves. Il médite, travaille avec acharnement. Il ne dédaigne pas non plus les discussions, où sa pensée s'affirme nettement. Et comme le contact avec le peuple lui est indispensable, il prêche chaque jour à l'église paroissiale, exprimant avec ses mots profonds et bouleversants le chemin qu'il a découvert. Il répète que la lecture de l'Évangile ouvre une porte nouvelle et que chacun y trouve à la fois la voie du salut et la paix de l'âme. Devant lui, l'auditoire est de jour en jour plus nombreux.

— Frère Martin, votre enseignement est si apprécié que vous êtes désormais chargé d'administrer les couvents de la région, lui annonce le prieur principal de l'ordre.

Martin s'incline. Ses épaules sont assez larges pour porter cette nouvelle charge ; il continue de prêcher, d'enseigner à l'université et, surtout il réfléchit aux réformes dont l'Église aurait tant besoin.

***

À l'automne 1517, dans une petite ville voisine, un moine attire les foules en vendant des indulgences à gros roulements de tambour, comme un colporteur vanterait des soies de Chine ou des élixirs d'éternelle jeunesse ! Le 31 octobre, Luther n'y tient plus ; il affiche sur la porte du château de Wittenberg une longue liste de quatre-vingt-quinze points rédigés en latin et critiquant ce commerce des âmes. Il ose dire que cela ne sert à rien, que seul le repentir peut rapprocher de Dieu. Il voudrait un débat sur le sujet et, pour être certain d'être entendu, il envoie un double de ses thèses à l'archevêque de Mayence.

Luther a-t-il pressenti l'énorme remous que son geste allait provoquer ? Sans doute, mais le retentissement dépasse ses prévisions car ses amis et ses élèves admiratifs s'empressent de faire publier son texte en allemand. Dès le début de l'année 1518, les bourgeois, les artisans dans leurs échoppes s'interrogent sur les propos de frère Martin. À Nuremberg, Bâle ou Augsbourg, on en discute sur les marchés, au parvis des églises et le nom de Luther court à travers l'Allemagne.

Seuls les théologiens restent muets. L'Église se sent menacée. Les dominicains*, dont l'une des missions est de traquer les hérétiques, voudraient étouffer l'affaire au plus tôt :

— Ce Luther est dangereux ; il a l'oreille

* Ordre monastique créé par saint Dominique au XIIIe siècle.

des gens des villes ; ses idées révolutionnaires circulent vite…

— Hélas ! Il dit avec trop de fougue que seul l'Évangile est la base de la foi chrétienne. C'est se moquer de l'Église et de notre Saint-Père le pape !

— Il n'en faudrait pas plus pour l'envoyer au bûcher !

C'est vrai. Grâce au tribunal de l'Inquisition, l'Église se donne le droit de faire périr ceux qui la dérangent. Un siècle auparavant, en 1415, elle a brûlé Jan Hus, un Tchèque qui critiquait déjà sa trop grande richesse et souhaitait la voir suivre de plus près l'Évangile.

Un chemin semé d'embûches s'ouvre devant Martin Luther.

Tout d'abord, il est sommé de s'expliquer devant les représentants du pape. Plusieurs réunions ont lieu ; déchiré entre son désir d'obéir encore à l'Église et son besoin de faire éclater la vérité, frère Martin prend sa plume en septembre 1520 pour écrire au pape Léon X :

Mon père, n'écoutez pas ces sirènes qui vous disent que vous n'êtes pas un homme mais quelque chose comme un dieu et prétendent que vous pouvez tout ordonner et tout exiger…

Bref, il ose rappeler au chef de la chrétienté que lui aussi est soumis à Dieu. Le pape n'apprécie pas la leçon. En décembre, il ordonne à Luther de se rétracter. Impossible, frère Martin est déjà allé trop loin ! Au lieu de se soumettre, il brûle publiquement la lettre venue de Rome. Le 3 janvier 1521, il est excommunié : il n'est plus ni moine ni prêtre, il n'appartient plus à la communauté chrétienne, ne peut plus recevoir aucun sacrement.

Devant la gravité de la punition, il trouve la force de tenir tête encore.

Il le faut bien puisque c'est maintenant l'empereur Charles Quint qui le convoque à Worms le 16 avril 1521. Malgré le conseil de ses amis qui craignent pour sa vie, il s'y rend, vêtu de son habit de moine qu'il ne veut pas quitter. À la fin de l'entrevue, la décision impériale tombe comme un couperet :

— Je vous bannis de l'Empire. Désormais, vous êtes considéré en ce pays comme ennemi public. Libre à chacun de vous pourchasser, de vous arrêter, et interdiction à quiconque de vous accorder protection…

S'il ne baisse pas les yeux sous la sentence, Martin Luther a bien compris qu'il est en danger de mort. D'ailleurs, l'empereur pourrait le faire arrêter sur-le-champ. Pourquoi s'abstient-il ? Parce que Martin Luther est devenu l'un des hommes les plus célèbres d'Allemagne et que sa mort ferait sans doute basculer l'Empire dans la guerre civile. Charles Quint ne peut se résoudre à cela.

Quelques heures plus tard, Luther est à peine rentré à l'auberge qu'un groupe d'hommes se présente ; il n'a pas le temps d'esquisser un geste. L'instant d'après, un chariot bâché l'emporte. Aussitôt, la nouvelle se répand à travers les rues de Worms puis bien au-delà, de village en village.

— Le moine Luther a disparu ! Ils n'ont pas traîné, ceux qui voulaient sa peau !

— C'est à voir ! Il a beaucoup d'alliés… Allez savoir si ceux qui l'ont enlevé lui voulaient vraiment du mal !

En effet. Dans l'Allemagne de cette époque, chaque prince dispose de sa propre police et Frédéric de Saxe, le maître de Wittenberg, a pleine autorité dans son duché. C'est lui qui a organisé ce simulacre de rapt et cache son ami pendant quelques mois dans la forteresse de la Wartburg, au fond des grandes forêts de Thuringe.

Là-bas, derrière les hautes murailles protectrices, Luther retrouve le silence ; il profite de cette retraite pour commencer la traduction du Nouveau Testament en allemand. Pendant qu'il cherche inlassablement les mots les plus simples, les plus justes, exprimant au mieux le message du Christ, le grondement des révoltes parvient jusqu'à lui. Une à une, les villes de Constance, Nuremberg ou Brême se sont soulevées contre les évêques qui les gouvernent, si riches dans leurs immenses domaines, alors que l'argent manque pour les écoles, les hôpitaux ou l'entretien des rues. Le peuple en colère pille les châteaux, incendie des quartiers entiers... Face à tant de violences, Luther se sent dépassé ; il voulait seulement des réformes à l'intérieur de l'Église et voilà que la société allemande toute entière se trouve bouleversée ! Coûte que coûte, il lui faut sortir de son refuge, affronter à nouveau le monde. Il court de place en place prêcher le message de la Bible, rappelant à chacun qu'il est libre face à Dieu et qu'il peut rejeter l'enseignement des prêtres. Devant ce message de liberté, le peuple croit entendre que toutes les révoltes sont possibles. Mais Martin se refuse à prendre la tête d'une révolution et va parfois jusqu'à soutenir les soldats qui répriment les émeutes. En guise de réponse, on le bombarde d'injures et de cailloux. La mort rôde à nouveau.

Et pourtant, pendant ces années de tourmente et de sang, c'est bel et bien une nouvelle religion qui prend naissance. À tous ces chrétiens qui l'écoutent et se séparent de Rome, Luther veut donner au plus vite un enseignement religieux, des écoles, des lieux de prière, de nouveaux prêtres que l'on nomme pasteurs. Pour cela, il s'adresse aux princes qui l'ont soutenu depuis le début. Ce sont eux, dans leurs États, qui mettent en place la religion réformée.

Luther sait bien, hélas, que ces princes cherchent à saisir les richesses de l'Église catholique, à anéantir l'autorité des évêques subie depuis tant d'années. Ainsi la nouvelle foi se trouve mêlée à toutes sortes d'intérêts. Mais que peut Martin Luther contre la complexité de l'âme humaine ?

Parfois, il se sent écrasé par le désespoir et la fatigue. Il a maintenant quarante-deux ans et, depuis sa jeunesse, il n'a su qu'étudier, prier, lutter. Est-ce là son unique destin ? Non. C'est à ce moment qu'il découvre le bonheur d'aimer une femme. Sur le visage de Catherine de Bora, il lit tant de bienveillance, une si tendre admiration qu'il est lui-même surpris par l'émotion qui le poigne. Cette jeune fille a quitté le couvent, où elle devait passer sa vie, pour adopter la nouvelle religion. Depuis qu'elle réside à Wittenberg, elle et Martin Luther se sont souvent rencontrés. Le 13 juin 1525, ils se marient devant un pasteur et s'installent dans une confortable demeure, offerte par le prince Jean, successeur de Frédéric de Saxe.

— Merci de fonder avec moi ce foyer heureux, murmure Martin à Catherine, merci de m'apporter cette chaleur douce qui apaise si bien ma solitude.

Maintes fois, il a déclaré publiquement que les hommes et les femmes ont été créés pour vivre ensemble et que l'on peut aimer à la fois Dieu et son épouse.

Pourquoi faudrait-il restreindre l'amour? demande-t-il à l'Église qui exige le célibat des prêtres.

L'harmonie paisible qui règne entre eux lui donne la force de continuer. Il y a encore tant à faire!

***

En 1530, court à travers le pays une nouvelle

d'importance : l'empereur Charles Quint, qui est aussi roi d'Espagne, annonce sa prochaine visite ; cela fait neuf ans qu'il n'a pas mis le pied en terre d'Empire et les Allemands le connaissent peu. En juin, il décide de réunir à Augsburg une grande assemblée pour débattre de la question religieuse qui déchire l'Allemagne.

— Toi, Martin, le hors-la-loi, tu ne peux quitter sans danger mon duché de Saxe où tu es mon protégé, déclare fermement le prince Jean en recevant la convocation.

Sans laisser à son ami le temps d'ouvrir la bouche, il reprend :

— Mais moi, j'irai présenter la déclaration de foi des protestants puisque tel est désormais notre nom * !

— Alors, vite, au travail ! s'impatiente Luther, car vous savez tous que l'empereur est venu restaurer l'unité religieuse de l'Empire, c'est-à-dire l'unité catholique...

À la date convenue, les protestants partent sous la direction de Philippe Melanchthon, le

* En 1529 la nouvelle religion a pris le nom de protestantisme : les princes partisans de la reforme luthérienne ont formé une ligue « protestant » contre la réintroduction du catholicisme dans leurs États.

plus fidèle disciple de Luther, qui parlera en son nom.

Mais, là-bas, à Augsbourg, les séances se déroulent mal : Charles Quint, influencé par les représentants de l'Église catholique, ne prend pas la peine d'écouter tous les exposés de la délégation protestante. Un accord semble impossible. Le 25 juin, tout a été dit. Les deux Églises sont face à face, ennemies. Une fois encore, l'empereur pourrait ordonner aux princes catholiques de lever les armes contre les protestants, mais ce conflit sanglant lui répugne. Il se contente de déclarer qu'un concile* devra se réunir pour tenter une réconciliation.

— Trop tard ! Je crois que cette fois la rupture est définitive, murmure Luther en écoutant le compte rendu de ses amis.

Entre catholiques et protestants la rupture a eu lieu, en effet, et la guerre aussi ; d'interminables guerres qui dépassent les frontières de l'Allemagne. En Angleterre, le roi a pris la tête d'une Église influencée par Luther, qu'il nomme anglicane. En France, dès 1525, des protestants sont brûlés comme hérétiques. Le protestantisme

* Assemblée des évêques catholiques.

gagne les Pays-Bas et la Scandinavie; en Suisse, après la mort de Luther en 1546, Jean Calvin prend la tête de la religion réformée pour toute l'Europe. Tandis qu'en France la haine monte entre les deux partis et annonce les guerres de religion qui vont déchirer le royaume jusqu'à la fin du XVIe siècle, les Allemands trouvent un compromis et signent la paix d'Ausgbourg en 1555, laissant à chaque prince dans ses États le soin de choisir l'une ou l'autre religion. Quant au concile voulu par Charles Quint, il se réunit à Trente, en Italie, de 1545 à 1563. Au lieu de chercher une réconciliation désormais impossible, le concile de Trente permettra à l'Église catholique d'organiser une réaction contre le protestantisme mais aussi d'entreprendre certaines des réformes indispensables que Luther avait réclamées.

4. François Ier

En ce matin de décembre 1539, les valets ont cassé la glace pour donner à boire aux chiens. Malgré le froid, le roi François rejette en arrière la pelisse de fourrure qui lui couvre les épaules ; il vient de pousser son cheval au-delà du raisonnable pour suivre de près la meute et cette course effrénée l'a échauffé.

Il s'arrête par courtoisie afin de permettre à son compagnon de le rattraper et sourit de contentement en découvrant devant lui les hautes toitures du château de Chambord : dressées au-dessus des arbres dénudés, elles ressemblent étrangement à une couronne. Sa couronne !

Le roi se garde bien d'exprimer sa satisfaction à haute voix mais son invité, fin renard, l'a sans doute remarquée... Cet ami d'aujourd'hui, reçu en grande pompe à Chambord, c'est l'ennemi d'hier: Charles Quint. Empereur d'Allemagne, roi d'Espagne, souverain des Pays-Bas, de Naples, de la Sicile, de la Sardaigne et maître des immenses territoires découverts au Nouveau Monde, Charles Quint règne sur un empire si vaste qu'il ne voit jamais le soleil se coucher.

Depuis une vingtaine d'années, les deux hommes ont eu mille raisons de se faire la guerre et c'est l'Italie qui fut leur champ de bataille. En février 1525 à Pavie, la prestigieuse armée de France a été vaincue par les fantassins de l'empereur; les arquebusiers, les piquiers suisses et les mercenaires allemands ont écrasé la cavalerie française, trop sûre de sa victoire. Elle qui avait gagné à Marignan dix ans plus tôt a dû cette fois se replier et le roi François lui-même, son cheval blessé se dérobant sous lui, a été capturé malgré sa bravoure. Il se souviendra toute sa vie que ce soir-là Charles en a pleuré de joie, de le savoir prisonnier entre ses mains.

François Ier contemple avec sérénité le ciel

d'hiver sur ces bords de Loire qu'il aime tant. Les temps ont changé. L'humiliation, la prison… tout cela appartient au passé. En 1526, au traité de Madrid, il a cédé à Charles le duché de Milan, le royaume de Naples, l'Artois et la Flandre ; il s'est engagé à épouser la sœur de l'empereur, Éléonore d'Autriche, et à payer une rançon colossale de quatre millions de livres : quatre tonnes d'or amassées sou par sou dans les provinces du royaume. Qu'importe tout cela ! Aujourd'hui, il est libre, il est riche. La France est le seul pays d'Europe où les pauvres gens ont tout de même de quoi se payer du bon pain blanc les jours de fête. C'est dire que la terre produit du blé pour tous !

L'année précédente, en 1538, une réconciliation a eu lieu entre les deux souverains et l'empereur, avant d'entreprendre son voyage en France, a expressément demandé que chacun remette à plus tard les discussions politiques afin de préserver une ambiance détendue. François a acquiescé. Pourtant son honneur chatouillé compte bien prendre une revanche et il ne peut s'empêcher de demander, lorsque le cheval de Charles rejoint le sien au sortir de la forêt :

— Mon bon ami, que pensez-vous de ce pavillon de chasse que je viens de faire construire?

La réponse de Charles est couverte par l'aboiement des chiens que les valets tentent de rassembler avant de pénétrer dans le parc, mais le roi de France sait bien que le château de Chambord ne laisse personne indifférent. C'est ainsi qu'il l'a voulu, à la fois grandiose et élégant : Trois cent soixante-cinq lucarnes et fenêtres, quatre cent quarante pièces, huit cents chapiteaux soutenant autant de pilastres et de colonnes ouvragées... Les travaux, commencés dès 1519 d'après les dessins du grand Léonard de Vinci ont dû être arrêtés pendant la captivité du roi et François, dès sa libération, a exigé qu'ils reprennent, coûte que coûte. Par manque de finances, on a fait fondre les grilles d'argent de l'abbaye Saint-Martin de Tours et les mille huit cents ouvriers engagés sur ce gigantesque chantier ont achevé leur ouvrage à temps. À l'automne 1539, le château était prêt à recevoir l'hôte prestigieux du roi de France. Les chambres réservées à l'empereur ont été tendues de drap noir, selon son souhait, et même la plomberie a été dorée à l'or fin ! François ignore le coût total de ce caprice royal. Loin de lui les préoccupations matérielles réservées aux marchands et aux banquiers ! En réalité, la beauté de Chambord n'a pas de prix. Comment chiffrer l'harmonie des proportions, le goût exquis des plafonds, l'audace des clochetons tendus vers le ciel ? Et puis, au cœur de cette merveille se cache l'escalier le plus fabuleux qu'un prince ait jamais construit : deux vis entrelacées s'enroulant voluptueusement autour d'un cylindre en dentelle de pierre. Hier soir à son arrivée, Charles Quint n'a pu retenir un cri d'étonnement. Lui aussi s'est laissé attendrir par le raffinement de la Renaissance tourangelle !

— Monseigneur, vous admirerez l'ingéniosité de ce système, par ailleurs fort gracieux, a murmuré l'ambassadeur qui lui sert de guide. On dit ici que cet escalier à double volée permet aux maîtresses du roi de monter tandis que leurs époux descendent sans jamais les rencontrer.

L'empereur a souri devant ce commérage ; le roi François ne cache pas ses aventures galantes, clamant bien haut qu'une cour sans belles femmes est aussi triste qu'un jardin sans fleurs et, pour s'assurer de n'être point contredit, il a développé la mode des jardins somptueux. D'ailleurs le val de Loire, avec ses verts coteaux, ses vignobles charmants et ses fleuves paresseux jouant sur la blondeur du sable n'est-il pas nommé le « jardin de la France » ?

— Vous auriez dû venir au printemps, dit gaiement François en descendant de cheval, nous aurions pris nos repas au bord de la rivière et tenu conseil dans une clairière !

Après l'effort de la chasse, où le roi de France excelle plus qu'aucun autre, il est grand temps de se réchauffer autour d'un banquet et le souverain convie son hôte à le rejoindre dans une salle préparée à cet effet.

François s'est changé pour la circonstance : pourpoint de velours à crevés et cape assortie, plumes et bijoux... Ce colosse aux larges épaules porte avec aisance la mode du temps. Il a maintenant quarantre-cinq ans et ne laisse rien paraître du poids de l'âge. Monter sept à huit heures par jour à cheval ou danser toute la nuit ne l'effraie pas, bien au contraire : infatigable dans tous les exploits physiques, il tient à garder cette réputation qui lui vaut maints regards admiratifs. Depuis qu'un tison lancé par hasard au cours d'une mascarade lui a brûlé le menton, il laisse pousser sa barbe, qu'il fait tailler chaque matin. Et, pour plaire à son roi, toute la gent masculine de la cour a adopté le même style.

En face de lui, l'empereur est majestueusement vêtu de noir, à la mode espagnole.

— Avez-vous bien regardé l'invité de notre roi ? chuchote une petite duchesse effrontée. Les poils blonds de sa barbe ne suffisent pas à cacher cet horrible menton en galoche qui avance tout seul vers son assiette !

— C'est un héritage de famille, lui répond Marguerite de Navarre, la sœur de François, qui en veut encore à l'empereur d'avoir emprisonné le roi de France.

Et elle préfère ne pas ajouter ce qu'elle sait pourtant : derrière le front austère de Charles Quint se cachent une volonté de fer ainsi qu'une formidable puissance de travail, de solides qualités de chef d'État qui manquent au charmant François.

— Notre pauvre reine Éléonore, elle non plus, n'a pas été oubliée sur le testament familial ! reprend la jeune duchesse en cachant son rire derrière sa main potelée.

Éléonore d'Autriche n'a pas entendu. Penchée vers son frère Charles, elle est intarissable sur les anecdotes de la cour.

— Savez-vous qu'en ses jeunes années, mon

époux s'est attaqué seul à un sanglier furieux égaré dans la galerie du château d'Amboise ? Sa mère et sa sœur ont cru mourir d'effroi !

Charles feint l'attention. Depuis des années, ses espions et ses ambassadeurs lui ont bien évidemment relaté tous ces détails mais il laisse parler sa sœur. Toute l'Europe sait qu'Éléonore est folle amoureuse de son royal mari et que François ne le lui rend guère. En réalité, c'est Anne de Pisseleu, duchesse d'Étampes, qui règne sur la cour et sur le cœur du roi depuis une quinzaine d'années, conjuguant à la perfection la beauté d'une déesse et l'ambition d'une reine. Comment résister à tant d'atouts à la fois ? Éléonore, qui n'a ni l'un ni l'autre, s'est résignée. Ce mariage providentiel, voulu par la politique, lui a permis de fuir la rigueur de la cour d'Espagne. Chaque matin en ouvrant les yeux, elle en remercie le ciel et obéit sagement aux contraintes de sa nouvelle vie.

Partout où va le roi, suit la cour. Par tous les temps. En ce mois de décembre, il a fallu à la hâte meubler les immenses salles vides, allumer des feux dans toutes les cheminées, dresser des lits, apporter de la vaisselle, des tentures, des couvertures… Une organisation complexe qui nécessite plus de cinq cents officiers et serviteurs, des chirurgiens, des palefreniers, lavandières et cuisiniers, sans oublier la garde écossaise chargée de la protection du roi.

Depuis le début de son règne, François Ier fait subir une vie exténuante à tous, serviteurs, gentilshommes ou belles dames. Toujours sur les routes à courir d'un château à l'autre, il s'arrête pour faire une entrée solennelle dans une ville ou pour chasser le daim dans une de ses forêts préférées et il lui arrive de faire dormir son monde dans la paille lorsque la place manque. Mais trop d'inconfort risquerait de nuire à l'ambiance enjouée dont il aime à s'entourer : il faut de vastes châteaux pour loger une telle multitude. Celui d'Amboise, que le roi affectionne au début de son règne, est vite trop petit. Chambord ou le château de Madrid, bâti aux portes de Paris, sont plus dignes du monarque brillant qu'il veut être ; quant à celui de Blois, qui appartenait à sa première épouse*, il l'a fait agrandir en ajoutant une aile ; la façade extérieure, ouverte sur les jardins en contrebas, rappelle celles des palais italiens.

* Claude de France, fille du roi Louis XII et d'Anne de Bretagne, épouse François en 1514 et meurt en 1524.

L'Italie ! Le nom résonne comme une formule magique. Cela fait plusieurs décennies que les Français ont le regard fixé sur cette terre promise qui s'étire de l'autre côté des Alpes. Ils savent bien que les cités italiennes, en matière d'art, ont deux siècles d'avance sur eux, que l'architecte Brunelleschi a lancé vers le ciel l'extraordinaire coupole de la cathédrale de Florence en 1431, l'année où, en France, on brûlait Jeanne d'Arc. Ils savent que là-bas un goût nouveau est né, une nouvelle manière de penser a germé grâce à la découverte des statues et des textes antiques…

François est comme ses sujets : il rêve d'Italie depuis son jeune âge ; à douze ans il réclamait déjà des œuvres d'art venues de là-bas parce qu'elles lui procuraient plus de plaisir que les autres.

— À vous, mon cher Charles, puisque vous me faites l'honneur de partager mon repas, je dirai volontiers la belle histoire vraie que m'a confié mon ami Frédéric de Gonzague. Avant de devenir duc de Mantoue, ce jeune homme a visité l'Italie et séjourné quelque temps ici. C'était un plaisir de l'écouter ! Maintenant, mesdames, mettez vos jolies oreilles en éveil : je vous la conte en italien !

— Oh non, sire ! s'exclame Anne de Pisseleu qui en profite pour lui caresser le bras sous la douceur du velours, chacun sait ici que vous parlez parfaitement cette langue, mais ayez pitié de notre manque de savoir !

François sourit à cette femme qu'il aime et qui sait si bien le mettre en valeur puis lève les sourcils pour réclamer l'attention d'un plus vaste auditoire :

— Il y a fort longtemps, moins d'un siècle avant la naissance du Christ, l'empereur Néron habitait une magnifique villa surnommée la « maison d'or » bâtie sur l'Esquilin, l'une des sept collines de Rome ; le propriétaire qui acheta récemment le domaine se réjouissait de marcher dans les pas de l'empereur mais les ans avaient fait disparaître toute trace de cette inoubliable demeure. Et pourtant se demandait-il, resterait-il encore quelque chose ?

« En 1506, il n'y tint plus et embaucha une équipe de terrassiers, leur ordonnant de sonder le sol du jardin de place en place. Au bout de cinq jours, les pioches heurtèrent un mur de pierre. Après avoir dégagé la terre et les racines, on vit que c'était une voûte. Le lendemain au petit jour, il fit percer la maçonnerie et deux hommes munis de torches se glissèrent à l'intérieur. En haut, chacun retenait son souffle. Tout à coup on entendit un cri puis des exclamations de joie. Les chercheurs venaient de buter sur une composition de marbre représentant un homme et deux jeunes gens se débattant, enlacés par des serpents monstrueux. Peu après la statue fut hissée à l'air libre et les ouvriers restèrent tous silencieux, tant le marbre semblait palpitant de vie. On sut bientôt qu'il s'agissait de Laocoon*, héros de la mythologie, et la nouvelle de cette trouvaille fit le tour de Rome en moins d'une journée. Le pape Jules II en personne se déplaça pour être l'un des premiers à la découvrir. Aussitôt qu'il la vit, il l'acheta et la fit installer au palais du Vatican, où il a demandé à Michel Ange de la restaurer. C'est là que mon ami Frédéric a pu l'admirer…

— Et nous, monsieur ? Quand aurons-nous la chance de poser les yeux sur cette merveille ?

La voix douce et insistante de la duchesse Anne demande l'impossible : le pape, en fervent

* Prêtre de Troie dans l'*Iliade* ayant refusé que le fameux cheval fût introduit dans la ville ; Apollon se vengea de lui en le faisant périr étouffé par des serpents.

collectionneur, ne cède pas volontiers ses chefs-d'œuvre !

— J'ai l'intention d'envoyer à Rome mon peintre Primatice. Là-bas, il copiera des statues antiques, y compris ce fameux *Laocoon* et une Vénus fort réputée pour sa beauté... Mais on m'a prédit qu'elle deviendra si jalouse, en découvrant la vôtre, qu'elle en pleurera des larmes de pierre.

Anne de Pisseleu lui envoie son sourire le plus rayonnant. Outre l'exquis compliment, Primatice est son artiste préféré et elle a bien l'intention, tôt ou tard, de lui donner la première place parmi les Italiens qui travaillent pour le royaume.

Tandis que les convives applaudissent les dernières paroles du roi, celui-ci se tait. Il ne peut oublier quel fut son émerveillement lorsqu'il franchit les Alpes et découvrit Milan, Parme ou Bologne. C'était en 1515 ; il avait vingt et un ans et venait d'être couronné...

Le grand amour des rois de France pour l'Italie remonte à la fin du XVe siècle.

C'est Charles VIII qui partit le premier, rêvant de conquérir le royaume de Naples dont il s'estimait l'héritier. Il revint avec un énorme butin : des centaines de tapisseries, des sculptures de marbre et de porphyre, des tentures et surtout plus d'un millier de livres provenant de la bibliothèque des rois de Naples. Ces splendeurs furent placées au château d'Amboise.

En entendant évoquer le pillage de Naples, qui lui appartient désormais, le visage de Charles s'est rembruni. Le voilà plus sombre que son pourpoint !

Afin d'apaiser leur hôte, Marguerite de Navarre vient au secours de son frère et poursuit sur le ton plus intime du souvenir :

— C'est à Amboise, lorsque nous étions enfants, que nous avons rencontré les premiers artistes venus d'Italie. Il y avait le menuisier Dominique de Cortone et aussi un jardinier qui m'a paru un vrai magicien tant il savait inventer le paradis sur terre avec des gazons parsemés de fleurs, des orangers et des fontaines limpides… Quel beau cadeau que cette nature façonnée pour le plaisir de nos yeux !

Cette fois l'empereur se détend ; un officier de table en profite pour se pencher vers lui :

— Monseigneur, une fourchette vous serait-elle agréable ?

Charles jette un coup d'œil discret vers ses voisins, qui tiennent délicatement entre leurs doigts des petits feuilletés aux amandes ou aux citrons confits. Il secoue la tête : à chaque pays ses usages ; les Français manquent de manières et mangent volontiers avec leurs doigts alors que la fourchette a conquis les cours italiennes et espagnoles. En revanche les serviettes sont parfumées à l'eau de rose et quelle fantaisie autour de cette table ! La cour de France sait rire plus qu'aucune autre en Europe, sous l'égide de ce souverain qui semble s'amuser de tout.

— Mon bon ami, si tel est aussi votre plaisir, nous passerons Noël dans mon château de Fontainebleau, propose François en sortant du banquet. J'y fais travailler depuis quelques années des artistes italiens pour une galerie dont je suis particulièrement fier.

***

Quelques jours plus tard, à Fontainebleau, l'empereur est magnifiquement logé dans un appartement décoré par les deux artistes italiens à la mode, Rosso et Primatice. Ses fenêtres donnent sur une fontaine qui verse de l'eau ou du vin, éclairée par une flamme brûlant nuit et jour.

Malgré les embarras, le bruit et la boue du chantier, François Ier se plaît à Fontainebleau.

Il garde dans sa poche la clé de la grande galerie et joue volontiers le rôle de guide pour les visiteurs de marque ou les ambassadeurs, faisant étalage de son érudition devant les nombreuses scènes de la mythologie. Ces étrangers impressionnés s'empressent de répéter tout cela à travers l'Europe et l'image du roi en sort encore grandie…

À Charles Quint, qu'il veut combler de faveurs, François montre aussi la collection de peintures qu'il a installées sur les murs de son appartement de bains.

— Mêler intimement les soins du corps et ceux de l'esprit, voilà bien une préoccupation digne d'un prince de ce siècle. Qu'en dites-vous mon cher ?

Charles regarde poliment puis demande avec simplicité :

— Il me plairait de visiter votre bibliothèque.

— J'allais vous le proposer ! Chacun sait que votre amour des livres est plus fort que celui des déesses assez dévêtues ! Venez donc voir la bibliothèque royale, que j'ai fait venir de Blois et aménager au-dessus de la grande galerie. Le vieux Guillaume va vous en confier les secrets… Je vous laisse avec lui mais méfiez-vous : le grand âge le rend parfois acariâtre !

Le roi n'accompagne pas son hôte dans l'antre de la culture. Il s'en retourne seul, traversant la galerie à pas lents, le front marqué d'une lourde ride. Que craint-il? Certes pas l'érudition de Charles! Fervent lecteur lui-même, il connaît assez l'histoire antique pour tenir sans gêne une conversation éclairée. Ni la qualité des ouvrages rassemblés. Grâce au gigantesque travail accompli par Guillaume Budé depuis le début de son règne, la bibliothèque contient de remarquables manuscrits en grec et en hébreu, des textes anciens dont le contenu a été entièrement vérifié. Pendant sa longue vie, Guillaume Budé a corrigé dans d'innombrables ouvrages les fautes accumulées par des générations de copistes*. Il a publié un dictionnaire de grec et de nombreuses traductions…

Le vieil homme reçoit l'empereur sans même poser la loupe qui lui permet encore de lire. Accueillant volontiers les visiteurs, il se soucie peu de leur rang.

* Avant l'imprimerie, les copistes fabriquaient les livres en recopiant des manuscrits sans se baser toujours sur le texte d'origine et ils recopiaient aussi les fautes de leur prédécesseur. L'accumulation de fautes pendant plusieurs siècles pouvait changer le sens du texte.

— Voyez-vous, dit il au nouveau venu qu'il ne reconnaît pas, le roi a exigé que, pour chaque livre imprimé, un exemplaire soit déposé ici à la bibliothèque. Quel trésor que tout ce savoir qui arrive jusqu'à nous ! Celui que j'ai sous la main a été écrit par François Rabelais et son héros, le géant Pantagruel, y prononce une phrase pleine de sagesse. Écoutez plutôt : « Je vois les brigands, les aventuriers et les palefreniers de maintenant plus doctes que les docteurs et prêcheurs de mon temps. » Ne trouvez-vous pas que ce gros Pantagruel a bien résumé l'extraordinaire mouvement qui anime notre siècle ?

À l'étage inférieur, François a appuyé son front contre la fenêtre. Ce n'est pas la crainte qui le fait fuir mais la souffrance. Le roi de France est malade. Mieux vaut être seul quand une crise le taraude et continuer à jouer avec la vie lorsque la douleur s'éloigne.

Derrière la vitre, le froid soleil de janvier pose son éclat blanc sur les statues du parc. Au loin s'étale l'immense forêt où ses veneurs débusqueront demain un nouveau gibier… Il faudra bien que la mort l'attende encore quelques années.

Lorsque Charles Quint franchit la frontière en janvier 1540 pour rejoindre les Pays-Bas, les deux rois se quittent avec force embrassades et promesses d'amitié. Mais tout cela n'est que mascarade : l'empereur souhaite toujours réunir l'Occident sous sa couronne et la riche France, dont il vient d'être l'hôte, sera bien difficile à dompter ! De son côté, François poursuit un impossible rêve : reprendre le duché de Milan dont il fut le maître, l'espace de quelques années heureuses.

À partir de 1540, la maladie de François ne cesse de progresser. Jusqu'à la fin, les ambassadeurs clament la robustesse de sa santé et la finesse de son jugement mais les bouffons de la cour répètent que la vie est courte, même pour un roi. François Ier meurt à Rambouillet le 31 mars 1547. Dès le lendemain à l'aube, le peintre François Clouet se précipite pour mouler le visage du roi afin de conserver à jamais l'empreinte de ses nobles traits. Deux ans plus tard, ce visage réapparaît sur le tombeau royal que son fils Henri II fait sculpter à l'abbaye de Saint-Denis, la nécropole des souverains de la France. Ainsi, chacun peut se pencher aujourd'hui sur celui qui fut l'un des grands princes de la Renaissance.

5. Élisabeth Ire

Londres, juin 1559

— Regardez, taisez-vous, la voilà !

Descendant par bateau jusqu'à l'abbaye de Westminster où sont couronnés les rois d'Angleterre, le cortège d'Élisabeth Ire vient de prendre pied sur la berge de la Tamise. La foule massée le long du parcours regarde à peine les nobles officiers et les lords montés sur de splendides chevaux qui devancent la litière royale ; c'est sa reine qu'elle veut voir, cette nouvelle reine qu'elle ne connaît pas encore.

Superbement vêtue d'une robe de brocart tissée d'or, Élisabeth s'est dressée pour saluer le peuple. Sur toutes les coutures de sa parure scintillent des pierres précieuses. Au-dessus de cette masse imposante de tissus et de joyaux apparaît un visage au teint clair assorti à de beaux cheveux roux ; au bout des larges manches passementées émergent des mains fines, chargées de bagues, qu'elle montre volontiers en envoyant des baisers du bout des doigts.

Elle n'est pas fière ; oh non ! Elle distribue des sourires, elle remercie des compliments qu'on lui clame. Malgré la finesse de sa silhouette, elle ne paraît pas souffrir du poids de son costume. Au banquet qui suit le couronnement, elle mange de bon appétit, ne dédaignant ni les poissons gras, ni les pâtés gigantesques, ni les cygnes rôtis ; elle boit de la bière avec plaisir et plaisante gaillardement sans rougir. L'ambassadeur d'Espagne en est outré, les envoyés de Rome consternés... mais les bourgeois de Londres, les petites gens des faubourgs et du port sont béats d'admiration. En quelques instants, un grand amour indissoluble vient de se tisser entre le peuple d'Angleterre et la reine Élisabeth Ire.

— Ça nous change de celle d'avant, celle qu'avait mis du sang partout ! murmure une commère, coiffée d'un joli chapeau de velours pour la circonstance.

Autour d'elle, on s'esclaffe :

— Ah oui ! Ça peut pas être pire ! Mais t'as vu celle-ci : l'est pas une de ces princesses venues d'ailleurs ; elle est bien des nôtres.

Tandis que la reine passe auprès d'eux, les femmes s'empressent de compter les joyaux qui ornent les lourdes étoffes.

— Regardez comme elle ressemble à son père ! Une belle rousse, comme lui ! crie un badaud monté sur un tonneau pour ne rien perdre du spectacle.

Élisabeth sourit gracieusement, ne laissant aucune ombre s'installer sur son front lisse. Elle a enfoui au fond de son cœur les fantômes. Ce soir, quand elle sera seule, ils se réveilleront peut-être mais pour l'heure, qu'ils se taisent ! Ce moment la paie de tant de misères, de tant d'insécurité et de tout ce sang déjà versé autour d'elle.

Fille du roi Henri VIII et de sa seconde épouse Anne Boleyn, Élisabeth est née le 7 septembre 1533 et sans doute eût-il mieux valu qu'elle fût un garçon...

Pour cette union avec la belle Anne dont il était fou amoureux, Henri VIII était prêt à tout, y compris à annuler son mariage avec Catherine d'Aragon, sa première épouse : une princesse espagnole de très haut rang, tante de l'empereur Charles Quint* ! Catherine lui avait donné une fille mais Henri voulait un garçon pour lui succéder sur le trône. Ce souhait tournait à l'obsession quand le roi posa le regard sur Anne Boleyn. Fille d'un gentilhomme anglais, elle avait séjourné à la cour de France d'où elle avait rapporté des manières fort élégantes et même un peu coquines qui firent tourner la tête de Henri. Coûte que coûte, il la voulut pour femme. Hélas, le pape refusa tout net d'annuler le premier mariage du roi Henri, ayant tout intérêt à rester en bons termes avec le grand Charles Quint, lequel dominait une grande partie l'Italie et ne voulait pas qu'on fît affront à sa tante.

Exaspéré, Henri décida de passer outre et se proclama chef de l'Église d'Angleterre, une manière directe de rejeter l'autorité du pape pour épouser Anne… qui lui avoua bientôt qu'elle était enceinte. Quelle attente enivrante ! Pendant ce temps, à travers le pays, les biens de l'Église catholique étaient confisqués, les prêtres pourchassés, les abbayes démantelées

* Charles Quint (1519-1556) est empereur d'Allemagne et roi d'Espagne. Pour plus de renseignements sur lui, se reporter au chapitre sur François Ier.

et la nouvelle religion anglicane* prenait place dans les paroisses.

Le 7 septembre 1533, Anne mit au monde une fille. Pour Henri, la déception fut rude ; il allait avoir quarante-cinq ans et l'espoir d'avoir un fils s'amenuisait. Pour comble de malheur Anne accoucha l'année suivante d'un garçon mort-né. C'en était trop ; le roi prit sa femme en horreur, l'accusant de sorcellerie, de trahison et d'adultère. Mais il ne lui suffisait pas de la répudier, de l'enfermer… Non. Le 19 mai 1536, la jolie tête brune de Anne Boleyn roulait sous l'épée d'un bourreau venu tout exprès de Calais parce qu'il avait la main très sûre.

— Ça ira vite : mon cou est très petit, avait bravement affirmé la pauvre reine avant de mourir, sans un reproche pour l'époux qui la sacrifiait.

***

La petite Élisabeth n'avait pas encore trois ans. Dans le château de Chelsea où elle grandissait, elle ne sut rien de cette horreur mais

* Religion d'Angleterre très largement inspirée du protestantisme mis en place par Luther en Allemagne (se reporter au chapitre consacré à Luther).

elle comprit bien assez tôt qu'elle n'avait plus de mère et qu'elle était une enfant illégitime, une bâtarde malgré l'union officielle de ses parents. Le roi en avait décidé ainsi, tout comme il avait renié sa fille aînée Marie, née de son premier mariage. Le ciel semblait tout lui pardonner : en 1536, il eut un fils de sa troisième épouse, laquelle mourut peu après. Les reines se succédaient auprès de cet ogre à crinière de lion ; cinq en tout succomberont avant qu'il ne meure à son tour, en 1547.

Un petit roi de onze ans, nommé Édouard VI, remplace alors son père sur le trône. Trop jeune pour régner vraiment, il laisse s'installer en Angleterre un protestantisme intolérant. De même religion que lui, Élisabeth a désormais sa place à la cour, où elle brille par son intelligence et son instruction. Elle parle fort bien le français, l'italien, manie élégamment le latin et le grec, étale ses connaissances en astronomie et en mathématiques… On la trouve parfois un peu pédante mais tellement plus vive que sa sœur Marie, de dix-sept ans son aînée !

À la mort prématurée du petit Édouard en 1553, c'est Marie la catholique, fille de Henri et de Catherine d'Aragon qui reçoit la couronne à son tour. Très vite, on la surnomme Marie la sanglante, *Bloody Mary*! Les têtes des anglicans roulent sur l'échafaud, aux gibets s'accrochent des grappes de pendus… Évidemment, des révoltes éclatent et les rebelles crient le nom d'Élisabeth. De leur côté, les ultracatholiques qui entourent Marie réclament la tête de la princesse anglicane. Enfermée à la tour de Londres, Élisabeth voit sa dernière heure arrivée. Comment va-t-elle échapper à la colère de cette sœur qui a tant à venger? Avec hauteur, elle dément toute participation aux complots, elle nie avec tant d'énergie que Marie cède, se contentant de la tenir à l'écart dans un château étroitement surveillé. Confinée dans sa modeste retraite, Élisabeth tire leçon de cette enfance où se mêlent l'or et le sang: désormais et jusqu'à la fin de sa vie, elle saura se taire à propos, garder le front lisse et l'air hautain, ouvrir des yeux innocents. Pour le moment, docile et discrète, elle attend son heure… En novembre 1558, elle apprend que Marie, quelques jours avant de mourir, s'est enfin résignée à la choisir pour héritière.

***

En ce jour de juin 1559 où elle reçoit la couronne d'Angleterre après avoir connu le déshonneur et frôlé la mort, elle regarde le peuple devant elle, elle entend les acclamations. Sans cesser de sourire, elle pense au travail qui l'attend. Car il y a beaucoup à faire. D'abord l'unité religieuse. Cela fait trop longtemps que le pays est ballotté entre catholiques et protestants. Assez de bûchers allumés par des fanatiques, assez de crimes commis par les soudards qui profitent des crises pour ajouter de la violence ! On veut maintenant la paix. Et si des feux s'allument encore, que ce soient simplement des feux de joie, pour rire et danser. D'ailleurs, on dit que la nouvelle souveraine n'a pas sa pareille pour pointer l'orteil et tendre la jambe, laissant entrevoir des bas tricotés à la dernière mode... Excellente danseuse il est vrai, Élisabeth sait mieux encore ménager le cœur de ses sujets. Sur la question religieuse, elle se déclare chef de l'Église anglicane comme son père, mais refuse d'engager des poursuites sévères contre les catholiques. Rusée Élisabeth ! Le pays tout entier a guetté sa première réaction le jour où elle a appris qu'elle était reine : elle s'est agenouillée sur le sol en récitant un psaume cher aux protestants mais elle l'a dit en latin, qui est la langue du culte catholique ! Grâce à cette habileté, à laquelle elle ajoute bien du charme et des coquetteries, ces messieurs du Parlement* sont séduits et réduits au silence.

Cependant, il est un point sensible sur lequel ils ne cèdent pas : ils veulent un mari pour la reine. Ce n'est pas une affaire de femme d'exercer le pouvoir, de tenir ainsi un pays à bout de bras ! Et puis, que diable, il faut penser à un héritier pour le trône ! Élisabeth ouvre de grands yeux, consent à dire qu'elle est une faible femme ayant besoin d'appui, affirme qu'elle va réfléchir, qu'elle ne sait quel mari prendre.

— Un prince français, un des nombreux fils de Henri II et Catherine de Médicis ? Ce serait passer sous la coupe du royaume de France ! Un Espagnol ? Vous n'y pensez pas : des ultra-catholiques, non merci !

— Un prince anglais ? suggèrent les membres du Parlement.

Une fois de plus, Élisabeth feint d'hésiter. En réalité, c'est tout vu : jamais elle ne donnera ni sa main ni son trône. Jamais elle ne se soumettra à un homme. Elle aime bien trop le pou-

* Le Parlement anglais est l'assemblée des représentants de la noblesse et de la bourgeoisie. Consulté par la reine, il vote les lois et accorde des aides financières.

voir et elle n'oublie pas que le mariage a entraîné la mort de sa mère.

Cela ne signifie pas qu'elle n'aime personne. On la voit pendant de nombreuses années côtoyer de près un certain Robert Dudley, beau seigneur qui partage avec elle le goût des somptueux atours, des tableaux italiens et des tissus orientaux ; ils chassent des heures ensemble, dînent en tête à tête... Où s'arrête leur intimité ? Élisabeth se garde bien de le dire, le couvre de cadeaux et le nomme comte de Leicester. Mais attention ! C'est elle qui règne.

— Ne vous avisez pas de gouverner, lui dit-elle sèchement un jour où il a osé la contredire publiquement ; j'entends qu'il y a ici une maîtresse et point de maître !

Trop fière Élisabeth ! Son désir d'indépendance pèse lourd sur sa poitrine car elle sait que, sans héritier, elle donnera sa couronne aux enfants de sa cousine, la reine d'Écosse Marie Stuart, fervente catholique. Or, cette rivale a moins peur du mariage qu'Élisabeth ; en 1566, elle met au monde un fils.

La reine d'Angleterre est en plein bal au château de Greenwich, sur les bords de la Tamise, lorsqu'elle apprend la nouvelle. Le coup est si rude que l'assistance la voit s'affaisser au milieu d'une danse. On se précipite pour la soutenir et ceux qui s'approchent l'entendent murmurer :

— La reine d'Écosse a accouché d'un beau garçon et moi je ne serai jamais qu'une souche stérile !

Les protestants anglais sont furieux. Ils savent bien que cette naissance augmente les risques de voir un jour l'Angleterre gouvernée par un roi catholique.

— Majesté, mariez-vous ! supplient-ils.

Le regard bleu d'Élisabeth vire au gris acier. Elle interdit qu'on aborde désormais le sujet et secoue son monde en montrant du doigt les dangers qui guettent l'Angleterre si sa reine manque de vigilance.

Son principal souci est d'éviter l'encerclement de l'île ; pour cela, il lui faut maintenir une bonne entente avec la France, sa plus proche voisine qui compte de nombreux partisans du protestantisme. Cependant… dans la nuit du 24 août 1572* à Paris, quatre mille protestants trouvent la mort, tirés du lit pour être égorgés par des catholiques fanatiques. La Seine

* Cet épisode est connu sous le nom de « saint Barthélemy ».

charriera des cadavres pendant plusieurs jours et le roi de France ne se remettra jamais complètement de cette boucherie. À Rome, le pape accueille la nouvelle avec allégresse ; en Espagne, le roi Philippe II sourit, ce qui ne lui était pas arrivé depuis longtemps. Et comment réagit Élisabeth, chef de l'Église anglicane? Dans un silence de mort, elle reçoit l'ambassadeur de France venu lui apporter des explications; enveloppée de noir, entourée d'une cour écrasée par le deuil, elle ne dit mot. Mais elle se garde bien de rompre les relations diplomatiques avec ce pays qui constitue un rempart commode contre l'Espagne.

Second objectif: détourner vers les coffres-forts anglais les énormes richesses d'Amérique qui rapportent tant à l'Espagne. Car c'est pitié de voir ce peuple de marins sans aucun débouché maritime vers les colonies du Nouveau Monde. Lorsque Christophe Colomb a découvert l'Amérique en 1492, l'Angleterre se remettait à peine de la guerre de Cent Ans pour tomber aussitôt dans la guerre des Deux-Roses*;

* Guerre civile (1455-1485) pour la succession au trône entre les princes d'York qui avaient pour emblème la rose blanche et ceux de Lancastre qui arboraient la rose rouge.

elle n'a donc pu saisir sa chance à ce moment-là.

Élisabeth sait bien qu'aujourd'hui, dans les ports, des milliers de marins piaffent d'impatience, que les marchands des villes empliraient volontiers leur cassette d'autant que, l'Espagne étant catholique, on aurait l'impression de faire œuvre pieuse en détroussant l'ennemi. Encouragés par leur reine, les corsaires anglais se lancent donc à travers l'Atlantique à la poursuite des galions chargés d'or. Ne manquant ni de canons ni d'audace, les premières tentatives s'avèrent fructueuses. Et lorsque Philippe II d'Espagne proteste devant les pertes subies, Élisabeth jure qu'elle n'était pas au courant, qu'elle châtierait volontiers ses marins si leurs méfaits étaient prouvés. Puis elle leur tend ses mains chargées de bagues.

— Félicitations, mes braves ! À combien s'élève ma part de butin ?

Eh oui, sa majesté aime l'or et dépense follement pour ses parures : des fraises de dentelle les plus fines, des perles rares, des bas de soie... Dans ses armoires sont accrochées trois mille robes et ses fards et parfums emplissent des cabinets entiers. Cette grande coquette a compris que le peuple adore découvrir sur elle le luxe qu'il ne s'offrira jamais, que son devoir de reine bien-aimée est d'offrir à tous l'image d'une souveraine magnifique. Mais n'est-elle jamais lassée de ce portrait, de cette maîtrise d'elle-même ? Comment savoir ? Élisabeth ne se confie à personne. En revanche, elle se fait voir partout. Elle a maintenant trente-neuf ans. Sous le fard blanc dont elle use sans modération, la vieillesse n'apparaît pas encore. Toujours éclatante, infatigable, elle n'oublie pas qu'elle fut autrefois bâtarde et que sa légitimité lui vient surtout du peuple. Il lui arrive donc de s'arrêter en plein champ à l'heure de la moisson ou sur les places de village les jours de marché ; elle loge tour à tour chez un bourgeois, un gentilhomme de campagne, dans un de ces nouveaux manoirs de brique rose qui remplacent les forteresses médiévales et elle se prélasse quelques instants dans leurs jardins à l'italienne, réaménagés pour le climat anglais. Elle soupire d'aise en pressant la main de son fidèle Dudley.

— Tout cela est exquis et vous par-dessus tout, murmure-t-il tendrement.

Elle sourit.

— Oui, mais c'est encore le palais de Whitehall à Londres que je préfère ; on y respire un air salé venu du fleuve et il me suffit d'ouvrir les fenêtres pour entendre les rumeurs de la ville.

En effet, c'est à Londres que bat le cœur de l'Angleterre. La ville est alors la plus peuplée d'Europe : environ cent cinquante mille habitants sur les quatre millions que compte l'île ; une ville de bois et de boue, des maisons aux pignons pointus, des potagers et des vergers… Malgré les odeurs de misère, il y flotte un air d'aventure, une envie de culture et de découverte. Même dans les quartiers populaires, les théâtres font recette et celui du « Globe », bâti sur les quais de la Tamise, attire une foule venue applaudir les pièces de William Shakespeare. À la fin du spectacle, l'assistance se retrouve dans une des tavernes voisines pour commenter le jeu des acteurs devant une chope de bière. On évoque aussi les pièces que ce Shakespeare donnera à la cour pour les fêtes de Noël ; on parle des derniers bals de la reine ou des exploits d'un certain Francis Drake* qui rentre à peine d'un fabuleux voyage, les cales

* Francis Drake (1540-1596) tente de nombreuses expéditions contre les colonies espagnoles et réalise un tour du monde (le second après Magellan) entre 1578 et 1580.

remplies de joyaux pris aux Espagnols. En redemandant de la bière pour fêter ça, l'on répète que la reine a remercié son corsaire préféré en le faisant lord. Le voici devenu à la fois noble et héros national ! Une chance qui fait rêver plus d'un audacieux.

En revanche, ce qu'on ne dit pas à la taverne, c'est que la colère de Philippe II d'Espagne a viré au noir et qu'il envisage d'armer une flotte énorme pour en finir avec l'Angleterre.

Depuis son palais de Whitehall, Élisabeth, avertie par ses espions, prend conseil auprès des connaisseurs :

— Qu'en pensez vous, Sir Francis ? demande-t-elle au corsaire venu s'incliner devant ses belles mains blanches.

— Morbleu, ma reine ! Les galères espagnoles font merveille en Méditerranée mais, pour les houles de chez nous, il faut des coques d'une autre trempe ! Attendons, observons… On dit que le roi Philippe fait dix fois ses prières avant de prendre la moindre décision ; ça nous laisse le temps de construire quelques navires, histoire de lui montrer ce qu'on sait faire.

Réconfortée, Élisabeth sourit gracieusement à cet homme avisé qui la sert si bien. Ainsi entourée, elle se sent sûre d'elle… Cependant, la mort tragique de Marie Stuart va envenimer le conflit avec l'Espagne. Depuis 1568, la reine d'Écosse, réfugiée en Angleterre, complotait pour récupérer à la fois son trône et celui d'Élisabeth. Condamnée par un tribunal anglais, elle est mise à mort en février 1587 et cette exécution arrache des larmes à toute l'Europe catholique. Dès qu'elle apprend la nouvelle, Élisabeth se tord de douleur, hurlant qu'elle n'a jamais donné un ordre aussi monstrueux... Elle sait bien que cet assassinat lui salit les mains mais cette fois le mensonge est trop gros: pour venger Marie, la reine martyre, Philippe II relance les préparatifs contre l'Angleterre.

En juin 1588, les cent trente navires de l'« Invincible Armada » quittent l'Espagne, emportant vers le nord trente mille hommes armés jusqu'aux dents.

En face, Élisabeth a peu de navires et encore moins d'argent car elle ne dispose pas du trésor des Amériques dans lequel Philippe puise sans compter. Par contre, les Anglais, catholiques et protestants réunis, sont prêts à mourir plutôt que de laisser un Espagnol poser le plus petit orteil sur le sol anglais. Dans les campagnes, on a rassemblé des hommes capables de se battre à l'arc et à l'arquebuse, on a forgé des canons, dressé des tours de guet le long des côtes et armé des bateaux marchands en bateaux de guerre. À présent, il suffit d'attendre.

— Pourvu que cela ne dure pas trop longtemps, murmure Élisabeth qui doit payer ses troupes à ne rien faire.

La flotte anglaise, basée à Plymouth, est sous les ordres de l'amiral Howard, secondé par Francis Drake et le corsaire Hawkins, un trio parfait où l'intelligence s'allie à la connaissance de la mer. Le 29 juillet, Francis Drake vient d'entamer une partie de boules sur le port lorsqu'un messager essoufflé s'interpose :

— Ils arrivent ! Un guetteur les a vus depuis les côtes de Cornouaille.

Branle-bas de combat ! Vite, il faut sortir de la baie pour éviter de se laisser encercler. Les navires anglais gagnent le large à la faveur de l'obscurité et se glissent derrière l'Armada. La nuit du 6 août, alors que celle-ci mouille devant Calais, ils envoient contre elle huit brûlots chargés de poudre et de goudron. Les flammes gagnent bientôt les navires espagnols affolés, qui tentent de fuir. Au milieu de la cohue, Howard donne l'ordre d'attaquer et les canons anglais font merveille : l'un après l'autre, les galions éventrés s'effondrent sur les bancs de sable ; les autres doivent s'échapper vers le nord et ne regagneront l'Espagne qu'après avoir contourné l'Écosse. Howard voudrait se lancer à leur poursuite mais sa reine n'a nullement l'intention de perdre de l'argent, des hommes et des munitions à traquer des navires qui ne contiennent pas le moindre lingot d'or. Elle se hâte de licencier ses troupes.

Élisabeth triomphe. Elle sait que le soleil est en train de se coucher sur l'Empire espagnol, tandis qu'une aube naissante inonde l'Angleterre. Elle a maintenant cinquante-cinq ans et trente années de règne derrière elle. La majorité de ses sujets, qui n'a jamais connu qu'elle comme souveraine, lui redit à cette occasion son amour inconditionnel. Debout devant les fenêtres du palais de Whitehall, elle contemple l'eau argentée de la Tamise, telle une dame de fer à la proue d'un fringant navire qui s'apprête à dominer les mers.

6. Cervantes

Miguel de Cervantes est l'auteur de Don Quichotte.

Il a presque soixante ans lorsqu'il écrit la première partie de son livre et utilise bien des éléments de sa propre vie pour créer les folles actions de son héros. Don Quichotte parcourt la région de la Manche sur un vieux cheval qu'il prend pour un magnifique destrier et affronte toutes sortes d'ennemis imaginaires, bien protégé par un casque à visière en carton. Son esprit dérangé par la lecture des romans de chevalerie (très à la mode dans l'Espagne du XVIe *siècle) confond un troupeau de moutons avec une armée redoutable ou croit voir une horde de géants lorsqu'il croise des moulins à vent. Il est accom-*

pagné par un serviteur plein de bon sens, Sancho Panza, et choisit pour dame une modeste paysanne qu'il baptise du doux nom de Dulcinée.

Le livre, l'un des plus célèbres de la littérature occidentale, est un étonnant mélange d'actions héroïques, que Cervantes a pu connaître lui-même et des multiples souffrances que la vie lui a largement servies.

Né en 1547, il meurt en 1616 au début d'un siècle qui nous entraîne hors de la Renaissance. Cette vie couvre la seconde moitié du « siècle d'or » espagnol : une époque de grande mutation prend place sous le règne de Philippe II (1556-1598), fils de l'empereur Charles Quint. D'un côté, le despotisme du souverain, surnommé le roi « paperassier », se conjugue avec l'effroyable rigueur de l'Inquisition qui traque juifs et musulmans ; de l'autre, l'économie nourrie par l'exploitation des colonies américaines est en plein essor. Au-delà des frontières espagnoles, l'Europe est déchirée entre catholicisme et protestantisme et les pays catholiques se réunissent pour tenter une dernière croisade contre les musulmans.

Trois cents voiles, trente mille soldats, cinquante mille rameurs… En ce mois d'octobre 1571, la plus grande flotte jamais armée par l'occident chrétien vogue vers l'est sur les eaux limpides de la Méditerranée. À sa tête, sur le vaisseau royal nommée *la Réale*, l'amiral Don Juan d'Autriche, demi-frère du roi Philippe II d'Espagne, s'apprête à mener une croisade décisive contre les Turcs ottomans. Depuis qu'ils ont conquis Constantinople en 1453, ceux-ci n'ont cessé d'attaquer les convois marchands de la Méditerranée et leur menace contre l'Occident se fait de plus en plus pressante. Dès le printemps 1571, le pape a décidé de ranimer la guerre sainte en armant lui-même des navires, bientôt suivi par des souverains chrétiens et des villes italiennes comme Gènes et Venise. Le 1er août, une flotte énorme s'est réunie dans la baie de Naples, qui appartient au roi d'Espagne. Le 23 août, elle est en Sicile ; peu à peu elle s'approche de l'ennemi… Le dimanche 7 octobre 1571, apparaissent enfin les bateaux turques, déployés en forme de croissant.

— On dirait plutôt les pinces d'un crabe qui

vont se refermer sur nous ! a ricané un soldat, aussitôt hué par les autres.

Sur le pont des navires, tous ont peur même si ce jour est un dimanche et qu'ils y voient un signe de Dieu. Ils savent que les galères turques manœuvrent vite, d'autant que le vent leur est favorable, alors que du côté chrétien, les rameurs s'échinent contre la brise depuis des heures. Mais Don Juan, l'amiral de la flotte, a défini un ordre de bataille parfaitement rectiligne. C'est donc un front de navires serrés qui s'avance dans un silence de mort.

Non loin de *la Réale*, sur un bâtiment espagnol nommé *la Marquise*, un jeune homme grelottant de fièvre paraît si mal en point que le capitaine lui ordonne de quitter le pont.

— Allez ouste ! La journée sera rude et l'on a besoin de bras solides, ordonne-t-il tandis qu'un officier empoigne le malade.

Mais l'homme se débat :

— Capitaine, hurle-t-il, placez-moi au poste le plus dangereux. Mieux vaut mourir en combattant, la tête vers le ciel, que croupir en bas comme un rat avec les rats !

Celui qui vient de lancer cette supplique est Miguel de Cervantes. Enrôlé depuis plusieurs mois dans la flotte espagnole, ce jeune soldat de vingt-quatre ans sait de quoi il parle : sur les navire de sa Majesté le roi Philippe II, les marins ont pour compagnons les rats, les puces et autres vermines. L'hygiène y est inexistante et la nourriture infâme.

Et comment donc Miguel de Cervantes se trouve-t-il dans cette galère, à chercher sur l'eau la flotte la plus redoutée du monde ? Pourquoi a-t-il choisi cette vie de misère ? D'ordinaire, il n'est guère bavard et préfère répondre aux questions par un sourire énigmatique. Ses compagnons savent seulement qu'il a quitté précipitamment l'Espagne deux ans auparavant et qu'il était récemment à Rome, au service d'un richissime cardinal.

Après les dentelles de la vie de cour, ses mesquineries et ses complots, Miguel a ressenti le besoin de respirer un air plus frais et rien de mieux que le pont d'un navire ! Ajoutons qu'il a l'âge de toutes les audaces, de toutes les aventures et qu'il est fils d'hidalgos*, né dans une famille de chevaliers peu fortunée mais fière de ses illustres origines. Même si son père n'est

* *Hidalgo* signifie en espagnol « fils de quelque chose » ; au XVIe siècle, les *Hidalgos* constituent la petite noblesse et encadrent souvent les armées royales.

qu'un modeste chirurgien-barbier criblé de dettes, les récits héroïques, le courage et le sens de l'honneur ont marqué son enfance. Aujourd'hui, 7 octobre 1571, depuis la proue du navire qu'il s'est bien juré de ne pas quitter, il contemple les deux flottes ennemies prêtes à s'entrechoquer.

La Réale dirigée par don Juan d'Autriche marche droit sur *la Sultane,* navire amiral de la flotte musulmane que commande le sultan Ali Pacha.

On entend un terrible craquement suivi de vociférations. Les deux bateaux se sont abordés par le travers et ce grand choc marque le début des combats. Sur chaque bord, les équipages s'empoignent ; il faut coûte que coûte prendre d'assaut un navire ennemi, capturer ou tuer son capitaine. Pendant plusieurs heures la mêlée est atroce, les ponts ruissellent de sang, les canons font des brèches dans les coques, laissant des débris de bois acérés comme des épieux. Au milieu des mâts et des voiles enchevêtrés gisent des corps déchiquetés. Partout, on se bat férocement. Sur *la Réale*, don Juan lutte toujours pied à pied pour atteindre Ali Pacha, protégé par ses gardes du corps. Sur *la Marquise* Cervantes n'a pas cédé, lui non plus ;

adossé au mât avant, il résiste comme il peut, à coups d'arquebuse, à coups de dague.

Tout à coup, dans l'effroyable vacarme, jaillit le hurlement de la victoire. En voyant la tête d'Ali Pacha dressée sur la pointe d'une pique, les soldats chrétiens savent qu'ils ont gagné. Le commandant de la flotte turque vient d'être tué d'une balle en plein front et son navire a été aussitôt saisi.

Lorsqu'il baisse enfin le bras, Miguel de Cervantes réalise à quel point l'ennemi a cogné dur : il a la main gauche ouverte jusqu'à l'os par un tir d'arquebuse et plusieurs sérieuses entailles à la poitrine. Désormais et pour le restant de ses jours, il sera le « manchot de Lépante ».

Sans doute a-t-il la vie chevillée au corps pour résister à l'infection en cette époque où tant de remèdes sont inconnus. À l'hôpital de Naples où il est soigné, il reçoit les félicitations de don Juan d'Autriche, qui lui accorde soixante écus de gratification de la part du roi d'Espagne. C'est peu pour une main sacrifiée mais Miguel, qui ne s'apitoie jamais sur son sort, préfère en rire :

— J'ai perdu la gauche pour la gloire de la droite ! dit-il à l'officier qui lui remet la somme.

L'homme se contente de hocher la tête avant de s'éloigner ; il a tant d'estropiés à récompenser.

La nouvelle de la victoire a soulevé partout l'enthousiasme et don Juan est reçu en héros dans les ports italiens. Les Turcs ont perdu trente mille hommes et deux cent cinquante navires ; jusqu'alors invaincus, réputés invincibles, ils viennent d'essuyer leur première défaite.

En avril 1572, Cervantes est considéré comme guéri. Une main en moins ne l'empêche pas de s'engager à nouveau et il participe vaillamment aux expéditions qui se succèdent en Méditerranée. Puis il se lasse. La ville de Naples, qu'il trouvait plus belle qu'aucune autre, semble perdre ses attraits. Il a envie de rentrer en Espagne où ses années de service et son comportement exemplaire lui permettront sans peine de briguer un poste de capitaine. Une belle carrière militaire s'ouvre devant lui.

En septembre 1575, il embarque à destination de Barcelone et profite du voyage pour rêver à ce qu'il va retrouver là-bas. Que sont devenus ses parents ? Quand il était petit, son père, pour échapper aux créanciers, n'a cessé de ballotter sa famille de Valladolid à Séville puis de Séville à Madrid. Séville ! Miguel se souvient de cette ville dorée, poussiéreuse, odorante, crapuleuse... Le long des quais du Quadalquivir, où l'on décharge les trésors du Nouveau Monde, se côtoient les banquiers, les honnêtes gens et les aventuriers prêts aux pires actions pour une poignée d'or.

— Séville est comme une belle fille aux dents gâtées ! soupire Cervantes sur le pont du navire qui le ramène chez lui. Gâtée par trop de richesses ; l'argent du Mexique et l'or du Pérou pourrissent les consciences.

À Madrid, dont le roi Philippe II vient de faire sa capitale, Miguel a appris les lettres auprès d'un excellent maître qui l'a initié aux grands humanistes* comme Érasme. C'est sous la conduite de cet homme bienveillant qu'il a écrit ses premières lignes : un poème à la reine Élisabeth de France, la troisième épouse de Philippe II morte en couches à vingt-trois ans. Elle avait été le plus joli sourire de la cour espagnole, si belle, si rieuse que les hidalgos n'osaient la regarder de peur d'en tom-

* Lettrés de la Renaissance ayant une grande connaissance des écrivains et philosophes antiques ; ils répandent en Europe une nouvelle vision de l'homme, libérée des conceptions chrétiennes du Moyen Âge.

ber amoureux et d'encourir la jalousie du roi. Pauvre Élisabeth ! Elle avait eu grand mérite à arborer des costumes aux couleurs chatoyantes, à organiser des bals dans ce palais écrasé par l'implacable rigueur de son époux ! Pendant le court règne d'Élisabeth, la cour avait souri davantage et prié un peu moins. À cette belle vitalité si vite éteinte, Miguel avait rendu un vibrant hommage et son poème avait été apprécié. L'avenir était prometteur… mais les ennuis avaient devancé le succès. Très vite, il avait dû fuir, recherché par la police pour une affaire de meurtre. Avait-il réellement tué ? Pour quel mobile ? Sur le pont du navire, Miguel laisse flotter les souvenirs et ses lèvres s'étirent en un sourire mystérieux. Une fois de plus, il ne dira rien. Soit !

Ces rêveries l'empêchent de voir venir le danger. Des corsaires musulmans surgis d'on ne sait où ! Il faut se battre encore et la main droite de Miguel ferraille vaillamment mais l'ennemi, cette fois, est trop fort. Le navire espagnol arraisonné prend la direction d'Alger. Miguel de Cervantes fait partie des prisonniers enchaînés.

Dans les prisons d'Alger s'entassent trente-cinq mille captifs chrétiens issus des razzias musulmanes. Car, si la flotte officielle du sultan a été décimée à Lépante, les corsaires et pirates, eux, continuent leurs méfaits. Fouillé à son arrivée, Cervantes est bien obligé de livrer les lettres de recommandation signées par don Juan d'Autriche, dont il comptait faire bon usage en Espagne ; ses geôliers en déduisent aussitôt qu'il s'agit là d'un personnage important dont on pourra tirer rançon. Au lieu d'être vendu aux enchères comme ses compagnons, Cervantes est enfermé et attend… longtemps. En effet, sa famille, en dehors du titre d'hidalgo, ne possède rien et ne peut rassembler les cinq cents écus d'or exigés... Que lui reste-t-il à faire? S'évader bien sûr !

Il sait – ils savent tous – que Hassan Pacha, le gouverneur d'Alger, est sans pitié avec les évadés qu'il réussit à rattraper. Celui qui y perd un nez ou une oreille s'en tire à bon compte, les autres sont souvent empalés.

Et pourtant, quatre fois Miguel tentera de s'évader ; dénoncé ou trahi, quatre fois il sera repris sans que jamais Hassan Pacha ne lui inflige la moindre punition. Décidément, Miguel de Cervantes tient bien serré le fil de la chance ; à moins qu'il n'ait un puissant protecteur, séduit par son esprit et son courage. Pendant sa captivité, il apprend beaucoup sur la nature humaine. Avec intelligence et détachement, il observe cette société sans morale ni pitié où l'argent peut tout, y compris acheter la liberté. Étrange contraste avec les belles leçons d'Érasme, avec les valeurs chevaleresques des fiers hidalgos ! Le temps passe : cinq longues années avant que sa mère ait pu rassembler trois cents ducats, complétés par des religieux chargés de libérer les chrétiens prisonniers de l'Islam.

En octobre 1580, il débarque à Valence. Le voici de retour chez lui. Rescapé de Lépante et du bagne algérien, il a droit à quelques égards : un poste de fonctionnaire royal, par exemple, le mettrait à l'abri du besoin. Hélas, il découvre vite qu'il n'est rien d'autre qu'un obscur soldat estropié dont personne ne se soucie. Don juan d'Autriche, qui aurait pu appuyer ses démarches, est mort l'année précédente et l'administration royale est assaillie de quémandeurs comme lui. Cervantes ne se laisse pas décourager ; il a connu d'autres adversités ! Il se souvient alors que sa main droite sait écrire et que l'Espagne est assez riche pour entretenir de nombreux artistes. Qu'ils soient peintres, architectes ou gens de plume, ils bénéficient de nombreuses commandes. On construit partout des universités ; dans les églises les autels sont rutilants d'or ; bien des villes ont leur théâtre, leur école poétique et sont prêtes à payer un écrivain talentueux. Cervantes se console de sa désillusion en rédigeant un premier roman, *La Galathée*, qui remporte un franc succès dès 1584. Il écrit aussi pour le théâtre, alors en plein essor, où domine un artiste brillant, Lope de Vega*, qui tolère mal la concurrence. Trop de contraintes ? Trop d'intrigues ? Miguel de Cervantes n'a pas pour habitude de courber l'échine ; il quitte ce monde dans lequel il n'est pas à l'aise pour épouser une jeune fille de la campagne. Mais l'existence tranquille d'un gentilhomme villageois, vivant de vignes, d'oliviers et de quelques droits d'auteur ne lui réussit guère mieux.

En 1587 il obtient un nouvel emploi : commissaire à l'approvisionnement de l'armée royale. Le roi Philippe II, incapable du moindre changement dans un monde où tout bouge, a pour unique obsession de combattre l'hérésie ;

* Lope de Vega (1562-1635) a écrit 1 800 pièces, accessibles au peuple comme aux intellectuels, où l'honneur et l'amour jouent un grand rôle. Il est connu de son vivant jusqu'en Amérique ; il a inspiré Molière et Corneille.

pour attaquer l'Angleterre protestante, il prépare une flotte formidable, « l'Invincible Armada », que Miguel de Cervantes est chargé d'approvisionner en blé. Le métier n'est pas dénué d'honneur mais le roi paiera quand bon lui semblera.

En attendant, rude labeur que de réquisitionner du grain dans les villages en échange d'une vague promesse de paiement ! Employer la persuasion, parfois la menace mais jamais le mensonge, passer des heures à cheval à griller sous le soleil d'Andalousie, dormir et souper dans des auberges où l'on vous sert du chat pour du lièvre et de la vieille rosse pour du bœuf, voilà désormais l'univers quotidien de Cervantes, une longue errance qui ressemble bien à celle de Don Quichotte.

En mai 1588, sa tâche est terminée ; les navires de sa majesté sont prêts à partir. Tout a été prévu avec un soin extrême, tout sauf les tempêtes de la mer du Nord et la hardiesse des marins anglais ; les deux conjugués démantèlent l'Invincible Armada et l'Espagne entière prend le deuil. De son côté, Miguel de Cervantes est las de courir les chemins sur le dos d'un mauvais cheval ; rien de solide ni d'exaltant ne le retient en Espagne. Comme à tous les déçus de cette société trop dure, l'horizon lui paraît plus clair de l'autre côté de l'Atlantique ; là-bas, dans ce pays neuf où tout est à construire, il pourrait commencer une vie nouvelle... Une fois encore, il prend sa plume pour écrire au roi. Une fois de plus, sa demande est refusée. Que faire alors ? Ravaler son honneur et vivre aux crochets d'une épouse avec laquelle il ne s'entend pas ? Demander l'assistance de ses frères et sœurs ? En 1590, on lui propose un poste de collecteur d'impôts, qui exige des calculs méticuleux... mais Miguel sait mieux manier les lettres que les chiffres. Il commet bientôt quelques erreurs ; on le soupçonne d'escroquerie et, en 1594, le voilà emprisonné à Séville.

La captivité à nouveau et dans son propre pays ! La prison de Séville est une ville à elle seule, comptant deux mille détenus de toutes conditions. C'est là dans l'inconfort de cellules trop étroites, dans cet univers clos où les beuveries se terminent à coups de poignard, que Cervantes conçoit la silhouette inoubliable d'un chevalier à la triste figure chevauchant de par le monde à la recherche des plus héroïques aventures. Aussitôt sorti de prison, il consacre tout son temps à la rédaction de son ouvrage et, en janvier 1605, il publie *L'Ingénieux hidalgo don Quichotte de la Manche*. Le succès est immédiat. Les lecteurs, qui s'arrachent le livre, ne savent pas à quel point Cervantes, au lieu de ressasser ses infortunes, les a transformées avec humour pour créer les mésaventures de son héros.

Quelques mois plus tard, le livre est traduit dans plusieurs pays européens et des cargaisons de volumes sont embarquées vers l'Amérique. Cervantes ne devient pas riche pour autant. Il a maintenant soixante ans et vit avec son épouse, sa sœur, sa fille et sa nièce. Mais à Madrid où il réside, cet oisif entouré de quatre femmes qui passe son temps à écrire fait mauvais effet. Pour une affaire de mari jaloux qui ne le concerne pas, il est injustement inquiété et incarcéré. Par ailleurs, il doit encore lutter contre des escrocs qui détournent ses droits d'auteur, et surtout contre un écrivain pirate qui s'empare de don Quichotte pour écrire un second tome sous un faux nom.

Depuis le dimanche de Lépante, Miguel de Cervantes n'a cessé de se battre, de mille manières. Il continue : avec son inimitable plume, il entame la suite authentique des aventures de Don Quichotte et, comme l'ironie est sa meilleure arme, il s'y moque allégrement de l'écrivain masqué qui voulait lui voler son personnage.

Enfin, les vingt et un chapitres de la seconde partie paraissent en 1615. Parce qu'il se sent au bout de ses forces, Cervantes a consacré les dernières pages à la mort de son héros. Il sait que sa propre fin est proche ; le 22 avril 1616, il s'éteint à son tour.

Quatre siècles plus tard, don Quichotte lui survit et incarne encore, au-delà de ses aventures extravagantes entre le réel et l'imaginaire, trois thèmes profondément humains qui illustrent la vie de son auteur : la dignité, la souffrance et le rire.

Table des matières

Brigitte Coppin

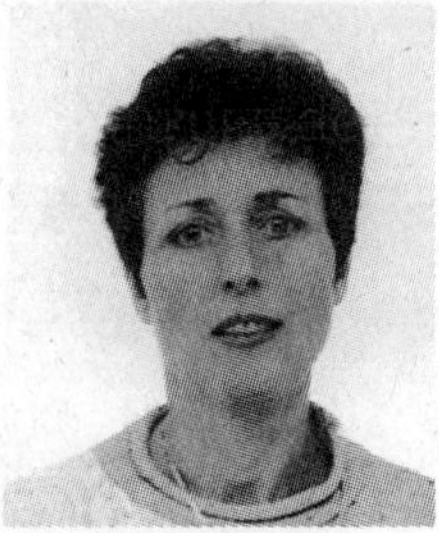

C'est grâce à l'Histoire qu'elle a commencé à écrire, parce qu'elle avait envie de trouver les mots justes pour raconter toutes ces vies si différentes des nôtres. Le Moyen Âge et la Renaissance, voilà ses deux époques préférées. Ici, ce sont les Grandes Découvertes qu'elle met en scène. Elle y associe ses plus beaux souvenirs d'enfance : la mer, la nature, les bateaux qui partent et qui reviennent…

Anne Buguet

Elle a passé son enfance au bord du lac d'Annecy. Souvent, le dimanche, son père l'emmenait peindre avec ses frères avec ses frères dans la nature, pendant qu'il pêchait.

Elle vit aujourd'hui à Paris avec ses deux enfants, Aude et Guillaume.

Voyage au temps de...

Voyager en s'instruisant, tel est le propos de cette section.

Entre fiction et documentaire, entre roman et légende, Castor Poche accueille un nouveau segment, qui permettra au lecteur d'accéder au cœur d'une époque et d'un lieu emblématiques, tout en s'identifiant à des héros imaginaires. *Houni, bâtisseur de pyramides* (avec la construction de Khéops), *Simon, bâtisseur de cathédrale* (lors de l'édification de Notre-Dame), *Léonard de Vinci et 5 génies de la Renaissance* (des expéditions par-delà les mers aux côtés de Magellan, et par-delà les limites de l'intelligence humaine sur les traces de Léonard de Vinci), et *Gauthier, bâtisseur de château fort* (Moyen-Âge)...

Dans chaque volume de ce nouveau segment, l'auteur crée des héros, dont il met le destin au service de l'Histoire, afin de permettre au jeune lecteur d'apprécier de façon ludique et romancée les étapes fondamentales de deux millénaires d'humanité.

Les aventures de ce nouveau segment sont contées par la plume d'auteurs de renom, spécialistes des romans jeunesse : Brigitte Coppin (Le quai des secrets), Jacqueline Mirande (Double meurtre à l'abbaye), Alain Surget (L'œil d'Horus).

Houni, bâtisseur de pyramide

Alain Surget

Houni, jeune paysan égyptien, est requis pour participer à l'édification de la future demeure d'éternité du pharaon Khoufou, sur le plateau de Giseh. Les trente années que va durer le chantier, il va ainsi pouvoir découvrir tous les métiers mis en jeu, depuis l'architecte et le tailleur de pierre, jusqu'au peintre et au sculpteur, mais aussi comprendre l'importance politique et religieuse d'une telle entreprise pour le pays.

L'auteur est né à Metz en 1948. Il commence à écrire dès l'âge de seize ans du théâtre et de la poésie. Instituteur, il continue des études à l'université, et devient professeur en 1977. Il se tourne alors vers le roman. Marié, père de trois enfants, il aime se déplacer dans toute la France à la Rencontre de son public.

Gauthier, seigneur de château fort

Jacqueline Mirande

Aujourd'hui, il ne reste que des ruines, témoignage de l'histoire des hommes. En six récits, Jacqueline Mirande retrace la vie et la mort d'un château fort à travers les siècles, de Philippe-Auguste à Napoléon III. Sa construction, ses aventures, ses batailles, mais aussi celles des hommes qui l'ont habité, et dont le destin a été si lié à celui des pierres.

L'auteur est née dans le Bordelais. Elle est historienne. Après avoir beaucoup voyagé, elle partage maintenant son temps entre Paris, Arcachon et les romans presque tous historiques qu'elle écrit pour les jeunes et qu'elle prend un vif plaisir à imaginer.

Simon, bâtisseur de cathédrale

Jacqueline Mirande

À travers cinq courts récits, c'est toute l'histoire de la construction de Notre-Dame de Paris qui est retracée. Tous les métiers qui ont participé à son édification y sont abordés: architectes, tailleurs de pierre, verriers, sculpteurs, mais aussi la vie qui grouille dans Paris à cette époque-là autour de la future cathédrale, avec ses étudiants et ses marchands, et toute une série de personnages truculents.

L'auteur est née dans le Bordelais. Elle est historienne. Après avoir beaucoup voyagé, elle partage maintenant son temps entre Paris, Arcachon et les romans presque tous historiques qu'elle écrit pour les jeunes et qu'elle prend un vif plaisir à imaginer.

CASTOR PLUS

POURQUOI CASTOR PLUS ?

Parce que les auteurs ont leur mot à dire sur ce qu'ils écrivent.

Parce que nous, éditeurs de littérature jeunesse, sommes soucieux d'enrichir nos ouvrages.

Parce que vous, lecteurs, êtes en droit d'attendre de nos livres toujours plus d'informations.

Avec Castor Plus, nous ne prétendons pas être exhaustifs sur un sujet, ni sur un genre, mais nous avons l'ambition de vous faire partager notre passion de la littérature sous toutes ses formes.

C'est pourquoi, avec Castor Plus, nous avons choisi de donner la parole à des écrivains, des spécialistes, pour qu'ils commentent un genre qu'ils apprécient, dont ils connaissent les spécificités et les chefs-d'œuvre, ceux d'hier, et ceux d'aujourd'hui.

Le roman pour la jeunesse

« Toute lecture digne de ce nom se doit d'être absorbante et voluptueuse. Nous devons dévorer le livre que nous lisons, être captivés par lui, arrachés à nous-mêmes, emportés dans un tourbillon d'images animées, comme brassées dans un kaléidoscope. » Ainsi parle Robert Louis Stevenson, l'auteur de *L'Île au trésor*, du plaisir d'une lecture romanesque. Avec lui, laissons-nous entraîner dans les délicieux chemins de la fiction : pur plaisir d'être ici et ailleurs, dans les grands bois du Wisconsin, sur les routes américaines avec les enfants Tillerman, survolant la Norvège avec Nils Holgersson ou pénétrant tout simplement dans l'univers d'un enfant de notre âge et de notre pays, si proche et pourtant autre.

Si le romancier « promène un miroir sur une grande route » selon la formule de Stendhal, il nous renvoie aussi un miroir de nos propres sentiments parfois si confus, de nos émotions contenues, il sait nous éclairer sur nos craintes et nos doutes, donner forme à l'informe de la vie. Il nous parle, comme naguère le faisaient les contes de manière plus symbolique, des difficiles relations familiales, de l'amour, de l'amitié, de la mort aussi et le roman se fait alors roman d'initiation.

Mais il peut aussi nous faire rire, nous communiquer cet humour si indispensable pour appréhender plus sereinement le monde et nos propres difficultés.

Promenons-nous « dans les bois du roman », comme le proposait Umberto Eco. Le champ des productions romanesques est aujourd'hui immense. Il n'en a pas toujours été ainsi.

Le premier « roman » écrit pour un enfant – royal, certes ! – fut *Les Aventures de Télémaque* de Fénelon, roman didactique publié en 1699, inspiré des voyages d'Ulysse, destiné à enseigner morale et mythologie mais déjà roman d'aventure et d'initiation. Le XVIIIe siècle vit fleurir à côté de toute une littérature pédagogique et morale, l'adaptation de grands romans philosophiques destinés aux adultes : *Les Voyages de Gulliver*, de Jonathan Swift ou le *Robinson Crusoé* de Daniel Defoe (objet de multiples adaptations, au cours des siècles suivants).

Mais c'est le XIXe qui vit vraiment naître une littérature romanesque destinée à la jeunesse. Dès 1830 Charles Desnoyers invente dans *Les Mésaventures de Jean-Paul Choppart*, le premier garnement révolté et fugueur. À partir de 1850, dans la Bibliothèque rose, paraissent les romans de la Comtesse de Ségur, évocation d'un monde clos de l'enfance, cependant que se déploie en Angleterre la fantaisie de l'imaginaire avec *Alice au pays des merveilles* de Lewis Carroll, et l'éternel enfant de James Barrie qu'est *Peter Pan*. La fin du siècle voit le succès du roman de l'errance et de l'orphelin avec *Sans famille* d'Hector Malot ainsi que les grandes aventures utopiques de Jules Vernes.

Si le XIXe siècle peut être considéré comme l'âge d'or de la littérature enfantine, dont on publie régulièrement les classiques, certains ouvrages, certains auteurs jalonnent la création romanesque française du XXe siècle destinée aux enfants, et trouvent toujours leurs lecteurs. C'est bien sûr la fable morale du *Petit Prince* de Saint-Exupéry, publié à New York en 1943, l'humour et la satire des *Contes* de Marcel Aymé ou de Gripari, les gags irrésistibles, et le langage enfantin du *Petit Nicolas* de Sempé et Goscinny en 1960. C'est aussi le roman de la vie quotidienne qu'est *La Maison des petits bonheurs* de Colette Vivier (en 1939) ou encore les premières incursions dans un véritable roman policier (loin des séries stéréotypées) avec *Le Cheval sans tête* de Paul Berna (en 1955).

En 1970, la Bibliothèque internationale ouvre le champ des littératures étrangères, offrant ainsi aux lecteurs une initiation à la diversité des cultures et des imaginaires. Depuis sa création en 1980, Castor Poche-Flammarion a largement contribué à cette découverte d'auteurs et de cultures du monde entier en publiant, outre de grands succès de la littérature anglaise et américaine (le merveilleux *Jardin secret* de Frances Hodgson Burnett, *Jonathan Livingston le goéland* de Richard Bach, les romans de James Houston, Betsy Byars, Marilyn Sachs ou Cynthia Voigt), des auteurs allemands comme Hans Baumann, polonais comme Wanda Chotomska *(L'arbre à voile)* ou espagnols comme Carmen Martin Gaite *(Le petit chaperon rouge à Manhattan)*...

Les frontières se sont estompées entre littérature générale et littérature de jeunesse ; des auteurs reconnus s'inscrivent dans les deux registres : Michel Tournier, Daniel Pennac, J.M.G Le Clézio, pour n'en citer que quelques-uns. Seule la poétique diffère, écrit Pennac, la thématique peut être la même.

Depuis les années quatre-vingt, la création romanesque aborde en effet des genres et des thèmes jusqu'alors «réservés». Si l'humour et l'aventure sont toujours de mise, le roman historique évoque les conflits et les drames de notre temps ; romans policiers et romans noirs adoptent les recettes et les ressorts de la littérature adulte ; les intrigues des romans psychologiques s'inscrivent sur fond de secrets de famille et bousculent à l'occasion les tabous.

Sans doute le monde contemporain, ses angoisses et ses culpabilités se sont-ils introduits dans la fiction romanesque adressée à la jeunesse mais la qualité spécifique de ces textes réside toujours dans un certain mode d'écriture, une voix qui sait raconter, émouvoir sans troubler ni désespérer, et nous initier à la merveilleuse aventure de la lecture. Écoutons encore Stevenson : « Les mots, si le livre nous parle, doivent continuer à résonner à nos oreilles comme le tumulte des vagues sur le récif, et l'histoire repasser sous nos yeux en milliers d'images colorés. »

Flaubert (qui n'écrivait pas du tout pour les enfants) prêtait une couleur à chacun de ses romans. N'y aurait-il pas une couleur propre aux romans écrits pour la jeunesse? À nous de la découvrir, de la savourer.

Claude Hubert-Ganiayre

Castor Poche, des livres pour toutes les envies de lire: pour ceux qui aiment les histoires d'hier et d'aujourd'hui, ici, mais aussi dans d'autres pays, voici une sélection de romans.

832 **Les insurgés de Sparte** **Senior**
par Christian de Montella
À Sparte, la loi impose de n'avoir que des enfants vigoureux. L'un des jumeaux de Parthénia est si frêle qu'elle le confie en secret à une esclave émancipée. Mais les deux frères vont se retrouver et s'affronter...

831 **Les disparus de Rocheblanche** **Junior**
par Florence Reynaud
Au IXème siècle, les habitants de l'Aquitaine vivent dans la terreur des vikings, qui saccagent les villages et enlèvent les enfants... Eglantine et son petit frère sont ainsi vendus comme esclaves.

830 **Chandra** **Senior**
par Mary Frances Hendry
À onze ans, Chandra est mariée, suivant la tradition indienne, à un jeune garçon qu'elle n'a jamais vu. Après leur rencontre, ce dernier meurt brutalement: Chandra est accusée de lui avoir porté malchance.

829 **Un chant sous la terre** **Junior**
par Florence Reynaud
Isabelle a douze ans et doit travailler à la mine pour aider sa famille. Mais elle a un don, sa voix fait frémir d'émotion quiconque l'entend chanter. Une terrible explosion bloque Isabelle dans la mine, son don pourra-t-il alors la sauver ?

828 **Léo Papillon** **Junior**
par Lukas Hartmann
Léo, huit ans, souffre de sa maladresse. Il aimerait être léger et beau comme un papillon. Son rêve consiste alors à s'enfermer dans un cocon de fils multicolores, en attendant la métamorphose...

827 La chance de ma vie **Senior**

par Richard Jennings

Quand on a douze ans, recueillir un lapin blessé semble bien naturel, voir banal. Pourtant, Orwell est plus qu'un animal... c'est une chance!

825 Temmi au Royaume de Glace **Junior**

par Stephen Elboz

Les soldats de la Reine du Froid ont enlevé Cush, un ourson volant qui vit dans la forêt près de chez Temmi. Temmi les suit au Château des Glaces, où toute chaleur est proscrite. Mais des insoumis organisent une rébellion.

824 Les maîtres du jeu **Senior**

par Roger Norman

Edward a douze ans. Il découvre chez son oncle un jeu de société qui renferme un mystérieux secret. Il se retrouve plongé dans un terrible engrenage, où le jeu et la réalité se rejoignent.

823 Akavak et deux récits esquimaux **Senior**

par James Houston

Akavak, Tikta'Liktak et Kungo l'archer blanc sont esquimaux. Dans l'univers rigoureux du grand Nord, ces héros doivent lutter pour survivre: découvrez leurs trois aventures au pays des icebergs...

821 Ali Baba, cheval détective **Junior**

par Gisela Kaützt

Pendant une représentation du cirque Tenner, quelqu'un a dépouillé les spectateurs de leurs portefeuilles. Sarah, la fille du directeur, découvre le butin caché dans le box de son cheval Ali Baba. L'enquête est ouverte...

820 L'étalon des mers **Senior**

par Alain Surget

Leif et son père Erick, bannis de leur village de vikings, embarquent sur un drakkar avec Sleipnir, leur magnifique étalon. Leur voyage les conduit d'abord au Groenland, où ils font la connaissance des Inuits.

819 Mon cheval, ma liberté **Junior**

par Métantropo

Aux Etats-Unis en 1861, la guerre de Sécession fait rage. Amidou, jeune esclave noir, s'occupe des chevaux d'une plantation. Lui seul peut approcher Stormy, le fougueux étalon, ce qui déclenche la jalousie du fils aîné.

818 Une jument dans la guerre **Senior**

par Daniel Vaxelaire

Pierre, fils de paysan dans la France napoléonienne, rêve de devenir un héros. Il part rejoindre les troupes de l'Empereur qui se battent en Italie. Le chemin n'est pas sans danger mais le destin met sur sa route une jument qu'il adopte et baptise... Fraternité.

817 Pianissimo, Violette ! **Senior**

par Ella Balaert

Violette a dix ans et vient de déménager. Elle se fait bien à sa nouvelle vie. Le seul problème, c'est son professeur de piano : "Le Hibou" lui mène la vie dure et pourtant Violette s'applique !

816 Pas de panique ! **Senior**

par David Hill

Rob adore les randonnées en haute montagne. Il est loin d'imaginer qu'il va falloir assurer pour six ! Car le guide de son groupe meurt brutalement... facile de dire "pas de panique" dans ces conditions.

815 Plongeon de haut vol **Senior**
par Michael Cadnum
Bonnie pratique le plongeon de compétition. Un jour, elle se cogne la tête contre le plongeoir et depuis n'arrive plus à plonger. En plus, son père est accusé d'escroquerie...

814 Et tag! **Senior**
par Freddy Woets
Vincent a une passion : peindre, dessiner et surtout taguer. Mais le jour où Alma se moque de son dernier tag en le traitant de ringard, Vincent est profondément vexé...

810 Une rivale pour Louisa **Junior**
par Adèle Geras
Louisa déteste la nouvelle du cours de danse: elle est trop douée! Un chorégraphe vient recruter de jeunes danseurs: et s'il ne choisissait que Bernice? Heureusement, la chance et l'amitié triompheront de leur rivalité.

809 Louisa près des étoiles **Junior**
par Adèle Geras
Louisa rêve d'assister à une représentation de Coppélia, mais les billets sont chers, et de toute façon, il ne reste aucune place ! Heureusement, la chance lui sourit : Louisa va même pouvoir rencontrer les danseurs étoiles!

808 Le secret de Louisa **Junior**
par Adèle Geras
Tony, le nouveau voisin de Louisa, est doué pour la danse, mais il est persuadé que seules les mauviettes font des entrechats. Pour cultiver ce talent caché, la petite « graine de ballerine » a une idée en tête...

807 Les premiers chaussons de Louisa **Junior**

par Adèle Geras

Louisa en rêvait depuis des mois : à huit ans, elle enfile enfin ses premiers chaussons de danse! En attendant de faire une grande carrière, il faut travailler sans relâche pour le gala de fin d'année. Louisa deviendra-t-elle une vraie « graine de ballerine » ?

805 Ménès premier pharaon d'Egypte **Senior**

par Alain Surget

Héritier du trône, Ménès doit braver mille dangers pour prouver qu'il est digne du titre de premier pharaon d'Egypte. Saura-t-il affronter ses ennemis, et devenir le Maître des Deux Terres ?

804 Jalouses! **Senior**

par Christian de Montella

Comment Simon aurait-il pu deviner que sa copine de bac à sable était devenue une véritable top-model ? Comment aurait-il pu éviter la crise de jalousie de Véronique, sa petite amie ?

803 Baisse pas les bras papa! **Junior**

par Christine Féret-Fleury

Depuis que Papa est au chômage, les fous rires, c'est terminé ! Au menu : soupe à la grimace. Il n'y a plus qu'une solution : l'aider à retrouver du travail.

802 De S@cha à M@cha **Senior**

par Rachel Hausfater-Douieb et Yaël Hassan

Sacha envoie des emails, comme des bouteilles à la mer, à des adresses imaginaires. Jusqu'au jour où Macha lui répond. Une véritable @mitié va naître de leurs échanges.

801 Rendez-vous dans l'impasse — Senior

par Kochka

« Une histoire d'amour dont vous êtes le héros » : c'est le sujet de la prochaine rédaction de Marie. Partie à la recherche de l'inspiration, Marie débouche dans une impasse, où elle aperçoit un garçon qui s'enfuit en la voyant…

800 La main du diable — Senior

par John Morressy

Béran veut être jongleur itinérant. Mais sur les routes du Moyen-Age, le diable rôde aussi : un jour, il lui propose de devenir le plus grand jongleur du monde… en échange de son âme!

799 La révolte des Camisards — Junior

par Bertrand Solet

1685: révocation de l'Edit de Nantes. Près d'Alès, Vincent, jeune drapier et rebelle protestant, est aimé de la belle Isabeau. Trahi par un ami jaloux, il s'engage aux côtés des « Camisards » pour défendre sa religion.

798 Louison et monsieur Molière — Senior

par Marie-Christine Helgerson

Louison a dix ans quand Molière la choisit pour jouer dans sa dernière pièce. Et pas n'importe où ! À la Comédie Française, devant la cour du Roi Soleil…

797 Les gants disparus — Senior

par Marie-Claude Huc

Millau, capitale du gant, fin 1918. Irène, quatorze ans, jeune ouvrière douée de la ganterie Palliès, est fière de son travail... Mais un vol vient semer le trouble dans la petite ville…

Cet
ouvrage,
le huit cent
trente-quatrième
de la collection
CASTOR POCHE,
a été achevé d'imprimer
sur les presses de l'imprimerie
Maury Eurolivres
Manchecourt - France
en janvier 2004

Dépôt légal : septembre 2001.
N° d'édition : 0292. Imprimé en France.
ISBN : 2-08-16-0292-x
ISSN : 0763-4544
Loi n° 49-956 du 16 juillet 1949
sur les publications destinées à la jeunesse